الصحة النفسية للطفل

رؤية واقعية من العيادة النفسية

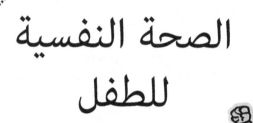

دكتور

محمـــد المهـــدي

رئيس قسم الطب النفسي

كلية طب دمياط – جامعة الأزهر

بسم الله الرحمن الرحيم

رقم الإيداع:
الترقيم الدولي:I.S.B.N

مركز السلام للتجهيز الفني
عبد الحميد عمر
0106962647

إهـــداء

إلى الطفل الفلسطيني
الذي حُرِمَ كل مباهج الطفولة،
وتفتحت عيناه على الجرافات الإسرائيلية
تهدم بيته، وعلى الصواريخ الإسرائيلية
تخطف أحبابه وتحرق لعبه

مقدمة

ازدادت في السنوات الأخيرة وبشكل ملحوظ حالات الأطفـال في العيـادات النفـسية، وهـذ ربما يعكس زيادة الوعي لدى الأسرى بالاضطرابات النفسية لدى الأطفال، أو قـد يعكـس زيـادة حقيقية في تلك الاضطرابات تستدعي مراجعة للحياة الأسرية والأنماط التربوية والبيئة المدرسـية وربما البيئة المجتمعية، حيث أن الطفل كائن شديد الحساسية يعكس لنا أي خلـل أو اضـطراب في منظومات حياتنا.

وهناك حيرة شديدة نلمحها بسهولة لدى الآباء والأمهات حول طرق التربية والتعامـل مـع مشكلات الأطفال ولا توجد كتب أو برامج كافية تبـدد هـذه الحـيرة لـديهم، ولـذلك كـان هـذا الكتاب محاولة متواضعة لتبديد جزء ولو بسيط من هذه الحيرة وللمساهمة في تحـسين نوعيـة حياة أطفالنا.

دكتور/محمد المهدي
رئيس قسم الطب النفسي
كلية طب دمياط - جامعة الأزهر
محمول 0122886537
ت02/27951173
ت 050/2233290

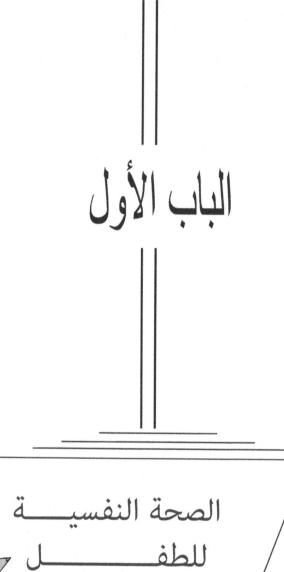

الباب الأول

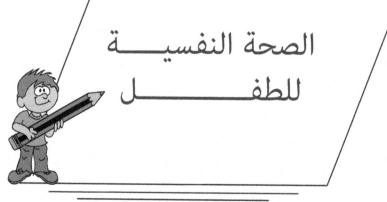

الصحة النفسيـــة للطفــــل

قواعد
الصحة النفسية للطفل

إشكالية العلاقة بين الآباء والأبناء:

من خلال الجلسات النفسية الفردية وجلسات العلاج النفسي الجماعي ينكشف الستار عن اضطراب العلاقة بين الأبناء والآباء، ويكون هذا الاضطراب من أهم العوامل المهيئة والمرسبة للاضطرابات النفسية لدى الطرفين، وفي أغلب الحالات تضطرب هذه العلاقة دون قصد؛ فالوالدان بدافع فطري يريدان السعادة والنجاح لأبنائهما، ولكنهما أحيانًا يفقدان الطريق الصحيح عن غير قصد، فيتورطان في الإفراط أو التفريط، وتكون النتيجة في الحالتين اضطرابًا نفسيًّا في الطفل الذي أحبانه، ودفعا حياتهما ثمنًا ليكون سعيدًا.

ومما يزيد الأمر صعوبة في بيئتنا الشرقية أن اضطراب العلاقة بين الآباء والأبناء يظلُّ تحت غطاء ساتر طوال الوقت، ولا ينكشف إلا في ظروف شديدة الخصوصية، كالعلاج النفسي الفردي أو الجماعي أو العائلي، أما في غير هذه الظروف؛ فإنَّ الأبناء – غالبًا – لا يجرءون على الاقتراب من هذه المنطقة الحساسة، وهم في حالة الوعي العادي، أما الآباء فإنَّ لديهم اعتقاد بأنهم قدَّموا أفضل ما عندهم لأطفالهم، ولكن تمرد الأطفال وعصيانهم للأوامر هو الذي جعلهم في حالة اضطراب.

مفهوم الصحة النفسية:

تراكمت في السنوات الأخيرة معلومات مفيدة حول أفضل الوسائل للوصول إلى الصحة النفسية للطفل، وعلاج الاضطرابات النفسية لديه، وقد حاولنا - بعون من الله - أن ننتقي من المعلومات المتوافرة ما يتماشى مع ثقافتنا، ويساعدنا في تربية أبنائنا وبناتنا بشكل صحيح.

ولا يعتقد أحد أن عملية التربية عملية سهلة، وإنما هي دائمًا تحتاج إلى جهد، وتواجه مشكلات وصعوبات، ونحن هنا نحاول أن يكون الجهد المبذول على الطريق الصحيح.

ونحن لن ندخل في عرض نظريات تربوية ترهق القارئ، وربما لا تعنيه كثيراً، وإنما سنتكلم بشكل عملي من خلال الرسائل التي تصلنا كل يوم أثناء الجلسات النفسية العميقة سواء كانت فردية أو جماعية مع الأطفال والكبار، وفي هذا الصدد نواجه سؤالاً بالغ الأهمية: ما هي الصحة النفسية؟ وكيف يصبح الإنسان صحيحًا نفسيًّا؟

قد تكون الإجابة ببساطة هي أن الإنسان الخالي من الأمراض النفسية هو الإنسان الصحيح نفسيًّا، لكن هذا التعريف للصحة النفسية مختزل جدًّا، ولا يؤدي الغرض؛ لأن هناك بعض الأشخاص لا يعانون من أي مرض نفسي لكن أداءهم في الحياة أقل مما هو متوقع لآمالهم، فحركتهم في الحياة وتكيفهم الاجتماعي وإبداعاتهم أقل مما هو متوقع، فلا نستطيع أن نقول: أن شخصًا ما صحيح نفسيًّا لمجرد كونه خالي من الأمراض النفسية بالمعنى الإكلينيكي لها، إذًا فهناك تعريف أكبر وأشتمل وأوسع للصحة النفسية.

واختصارًا لجهود كثيرة وصل العلماء إلى أن الصحة النفسية هي مفهوم إيجابي متعدد المستويات، يكون فيه الإنسان صحيحًا على المستوى الجسدي، ثم

على المستوى النفسي، ثم على المستوى الاجتماعي، ثم على المستوى الروحي.. إذن فهو مفهوم متعدد المستويات لا بدَّ أن يكون في حالة توازن ما بين إشباع هذه المستويات وتنشيطها، فلو بالغ أحدهم في إشباع الجانب الجسماني على حساب الجانب النفسي أو على حساب الجانب الروحي؛ فبالتالي يكون قد أخل بالتوازن، ويصبح غير صحيح نفسيًّا.

قواعد الصحة النفسية للطفل:

وإذا انتقلنا من العام إلى الخاص، وحاولنا الإجابة على تساؤل الأمهات (أو الآباء): كيف أتعامل مع ابني لكي يصبح صحيحًا نفسيًّا؟

والإجابة على هذا التساؤل الهام تتمثل في اتباع القواعد التالية:

1- التوازن بين التطور والتكيف:

هناك قواعد تربوية هامة يمكننا اعتبارها قاعدة في هذا المجال، وهي أن الطفل كائن نامٍ، ينمو كلَّ يوم، ينمو في جسده وفي تفكيره وفي طاقاته وفي إدراكه وفي كلِّ شيءٍ؛ فهذا الطفل النامي يتغير من لحظة لأخرى، ومن يوم لآخر، وفي ذات الوقت يحتاج مع هذا التغيير المستمر، وهذا النمو المطرد أن يكون في حالة تكيف وانضباط وسلام مع البيئة والمجتمع المحيط به..

وبهذا سنقول:

إنَّ هذا الطفل لكي يكون صحيحًا نفسيًّا ونطمئن عليه، فلا بدَّ أن يكون هناك توازن بين متطلبات نموه وتطوره، ومتطلبات تكيفه مع المجتمع والحياة، ولكي نرى هذا المفهوم بشكل أوضح، سنفترض أن هناك كفتين، الأولى كفة التطور، والثانية كفة التكيف، ولكي يكون الطفل صحيحًا نفسيًّا، لا بدَّ من حدوث توازن ما بين هاتين الكفتين، فلو تخيلنا أن كفة التطور زائدة عن كفة التكيف أو

أصبحت هي الحائزة على الاهتمام؛ فسيتطور الطفل وينمو بسرعة في جسمه، وفي ذكائـه، وفي تفكيره، وفي كل شيء يخصه، ولكن - وبالمقابل - ليست لـه علاقـة بـالمجتمع الـذي يعـيش فيه، ولا يتكيف معه، فهو في حالة تطور مطلـق بـدون قيـود، وإذا تـرك بهـذا الـشكل سيـصبح أنانيًا، ولديه حالة نرجسية شديدة، ولا يفكـر إلا في نفـسه ونمـوه وتطـوره، وفي النهايـة سـيكون مدمرًا لمن حوله ولنفسه أيضًا، وفي حالة صراع دائم مـع البيئـة التـي يعـيش فيهـا، بـرغم كونـه متطورًا ناميًا ومبدعًا.

وعلى العكس، إذا كان هناك طفل آخـر متكيـف بـدون تطور، بمعنى أنه مطيع جدًّا، هـادئ جـدًّا، ولا يفعـل شيء إلا بأمر من الأب أو الأم، ويحتاج لأمر آخر ليوقف هـذا الفعـل، فهو مطيـع تمامًـا لكـلِّ مـا يـأتي إليـه مـن أوامـر وتوجيهـات، وليست له أي حركـة تطـور أو نمـو أو تفكـير أو إبـداع أو أي شيء.

هذا الطفل في معيار الأب والأم، وهو صغير طفل مريح جدًّا؛ لأنه (بيسمع الكلام)، وهذا هو هدف كل أب وأم، ولكن عندما يكبر سيدرك الأبوين أن هذا الطفل عبء شديد جدًّا عليهم؛ لأنه لا يمتلك أي مبادرة، ولا يمتلك أي ملكات أو قدرات، ولا يستطيع عمل أي شيء بمفرده، شخصية اعتمادية سلبية مملة.

إذن فلكي تتحقق الصحة النفسية لأطفالنا لا بدَّ من مساعدتهم حتى يتطوروا وينمـوا، وفي نفس الوقت نساعدهم على التكيف مع البيئة التي يعيشون فيهـا، وهـذا التـوازن لـيس توازنًـا جامدًا أو ساكنًا بحيث نزيد هذه الكفة، وننقص الأخرى مرة واحدة وتنتهي المهمة، لكـن طالمـا كانت حركة النمو والتطور سريعة

ومتغيرة؛ فلا بدَّ من أن يواكبها تغير في حركة التكيف، فالتوازن هنا توازن ديناميكي بمعنى أنه يتطلب قدرًا عاليًا من المرونة، كلما زادت كفة نزيد الأخرى بمقدار مناسب وهكذا.

2- الدوائر المتسعة: صحة الطفل، صحة الأم، صحة الأسرة، صحة المجتمع:

وهذا التوازن (المذكور أعلاه) ليس فقط في دائرة الطفل، ولكن هناك دوائر أخرى متتالية تحتاج للتوازن؛ فلن ننظر للطفل على أنه كائن وحيد، لكن سننظر إليه باعتباره دائرة تحوطها دائرة الأم، تحوطها دائرة الأسرة، تحوطها دائرة المجتمع، ولهذا يجب أن تكون هناك حالة توازن بين هذه الدوائر، فننظر لصحة الطفل وصحة الأم وصحة الأسرة وصحة المجتمع؛ فالأم هي الحضن الأقرب للطفل، فلا نتصور وجود ابن صحيح نفسيًا، وله أم مضطربة نفسيًا، والأسرة هي الحضن الأكبر الذي يحتضن الطفل والأم معًا، فلا نتصور كون الطفل والأم صحيحين معًا في حين أن الأسرة مضطربة، والطفل والأم والأسرة يحتضنهم المجتمع، وهو الدائرة الأكبر، فلا نتصور أن يبقى هؤلاء في صحة في حين أن المجتمع في حالة اضطراب.

وعندما نقوم كمعالجين بتقييم حالة طفل ننظر لهذه الدوائر، ونحدد موضع الخلل، فأحيانًا يأتي الطفل باضطراب معين، وحينما نفحصه نجد أن هناك خلل في أحد هذه الدوائر أو في أكثر من دائرة؛ فلا بدَّ من التفكير في إصلاح هذا الخلل، ولا نتوقف عند الطفل فقط؛ لأن الطفل هو ممثل هذا الاضطراب، فالطفل أكثر صدقًا، وأكثر براءةً، وأكثر شفافيةً، فيظهر فيه الاضطراب بوضوح، لكن لا يكون هو أصل الاضطراب، فقد يكون هذا الاضطراب من أم مكتئبةٍ أو مجهدةٍ أو مدمنةٍ أو الأسرة أو المجتمع، فننظر إلى أصل هذا الاضطراب، أحيانًا نتجه مباشرة لعلاجِ الأمِ أو لعلاجِ الأسرة، أو يكون هناك خلل اجتماعي معين، ولو تمَّ تصحيح هذا الخلل يكون هذا الطفل في حالة أفضل.

3- الصحة النفسية بين المطلق والنسبي:

وفي الواقع مفهوم الصحة النفسية لكلِّ هؤلاء (الطفل – الأم – الأسرة – المجتمع) مفهوم نسبي، وليس مفهومًا مطلقًا، بمعنى أنه يختلف من بيئة لأخرى، ومن مجتمع لمجتمع، ومن أسرة لأسرة، وما يمكن اعتباره صحيحًا في مكان، يمكن اعتباره اضطرابًا في مكان آخر.

> ولتقريب الفكرة، سنحكي حكاية صغيرة عن شيخ قبيلة أناني جدًّا، هذا الـشيخ عرف بطريقة سرية أن البئر الذي تـشرب منـه القبيلـة كلهـا، سيـسمم في يـوم مـن الأيام، ونظرًا لأنانيته وحبه لنفسه، أخذ يخزن مياه كافية من البئر في منزله حتى إذا تسمَّم البئر، يجد ما يشربه، فجاء اليوم وتسمَّم البئر فعلاً، وأصيب أهل القبيلة كلهم بالجنون، ولكنهم لم يموتوا، فظلَّ هو العاقل الوحيد بينهم، طبعًا استغرب أهل القبيلة تصرفاته في وسطهم، ولم يحتملوه بينهم، وفي النهاية قتلوه؛ فعلى الرغم مـن أنه العاقل الوحيد بينهم إلا أن اختلافه جعله في أزمة معهم، وحدث عدم تناسب بين تفكيره وتفكيرهم.

إذن فلا بدَّ من أخذ هذا العامل في الاعتبار؛ لأن هناك اضطرابات كثيرة في الأطفال تكون مشكلتها النسبية في الصحة والزمان والمكان، فلا بدَّ من وضع اعتبار للزمـان والمكان والظـروف عند تقييم هذا الطفل.

سنعطي مثالاً آخر بسيطًا ليوضح هذه النقطة: لو أن هناك طفلاً تشتكي أمه من كونه كثير الحركة، ويقفز فوق الشبابيك، وعلى البلكونات، ويكسر الكراسي والأشياء، وهم يعيشون في شقة غرفتين وصالة، فهذا الطفل لو تخيلنا انتقل من هذه الشقة الـضيقة المحـددة الممتلئة بأشياء زجاجية وقابلة للكسر، ووضعناه في بيت واسع حوله ساحة كبيرة وشجر، وعاش الطفل في هذا المكان

الجديد يجري في الساحة الخضراء، ويقفز فوق الأشجار كما يريد، وقتها لن تحسَّ الأم أي شقاوة منه، أو أي حركة زائدة، وفي نهاية اليوم يعود بعد هذا الجهد المضني لينام، والأم راضية، وهو راضٍ، هنا اعتبار المكان والظروف مهم جدًّا.

4- الاستقطاب بين النقيضين مقابل الحوار والتعايش:

هناك أُسر تكون في حالة استقطاب ما بين نقيضين، بمعنى أنها أسرة أحادية النظر، وأحادية التفكير؛ فلا ترى الأشياء إلا بلونين، أبيض أو أسود، ولا تستطيع رؤية درجات الألوان البينية ما بين الأبيض والأسود، يرون ما يفعلوه هو الصحيح المطلق، وكل ما عداه خطأ، ولا يقبل النظر ولا التفكير ولا الحوار؛ فينشأ الطفل في هذا الجو، وهو مستقطب استقطابًا شديدًا في ناحية واحدة أو اتجاه واحد، أحادي التفكير، لا يستطيع رؤية سوى احتمال واحد في كلِّ شيء، ولون واحد من كلِّ الألوان.

من هنا عندما يكون الاستقطاب في اتجاه، لا بدَّ أن يتصارع مع الاتجاه الآخر أو يضاده، ويفقد هذا الطفل القدرة على التحاور والتعايش مع الآخرين المختلفين عنه، وبهذا الشكل يصبح الطفل دائمًا في صراع مع أصحابه، ومع الجيران، ومع المجتمع، وعندما يكبر يظهر موضوع الاستقطاب وأحادية التفكير مع الأب والأم؛ لأنه تعوَّد أن الحقيقة واحدة فقط، الدنيا بها لون واحد، عندما يكبر ويدخل فترة المراهقة، يختلف عن الأب والأم، لا يحتمل هذا الاختلاف، فيبدأ بالعدوان على الأب والأم؛ لأنهم لم يعوِّدوه الاختلاف مع الآخرين، والتحاور والتعايش معهم، فيدفع الأب والأم ثمن هذا الاستقطاب الذي أعطوه للطفل من خلال الجو الأسري القائم على فكرة الاستقطاب أو أحادية التفكير.

5- الاحتياجات بين الإشباع والحرمان:

للإنسان عدد كبير من الاحتياجات، وهناك عالم نفس شهير هو أبراهام

ماسلو، قام بعمل ما يسمَّى «هرم الاحتياجات»، فقال: إنَّ الإنسان له احتياجات جسمانية بيولوجية عبارة عن الأكل والشرب والمسكن والملبس، هذه الاحتياجات لا بدَّ أن تشبع أولاً، وتمثل قاعدة الهرم، يليها احتياج للأمن والاستقرار، يليه احتياج للانتماء، الانتماء لأسرة ولبلد وللإنسانية، يليه احتياج للحبِّ، أن يكون الإنسان قادرًا على أن يحبَّ ويُحبُّ، يليه احتياج للتقدير، أن يحسَّ بأن الناس يقدِّرونه كشخص، ويقدِّرون ما يفعله، وسعيدون به، وانتهى ماسلو في آخر الهرم بالاحتياج لتحقيق الذات، أن يحقق الإنسان ذاته في هذه الحياة، وتوقف عند هذه النقطة؛ لأنه كان يتبع المدرسة الإنسانية، التي كانت تنظر للإنسان على أنه هو نهاية المطاف، لكننا نضيف إلى هذه الاحتياجات احتياجًا مهمًا جدًّا هو التواصل الروحي؛ فالإنسان لديه احتياج للتواصل الروحي مع الله، مع الكون، مع السماء، مع الغيب، وهذا الاحتياج يمكن فهمه بشكل عملي وعلمي موضوعي من المعابد المنتشرة في كلِّ أنحاء العالم تمثل مراحل التاريخ المختلفة، وكيف أن الإنسان كان محتاجًا لأن يكون على علاقة بالسماء وبالله سبحانه وتعالى، فأنشئت المعابد في كلِّ الحضارات لتمثل هذا الاحتياج الحيوي المهم عند الإنسان.

وهذه الاحتياجات لا بدَّ من أن تشبع بتوازن، بمعنى أن نبدأ أولاً بالاحتياجات الأساسية، الأكل والشرب المسكن والملبس، ثم الأمان، والانتماء، ثم الحب، وهكذا.. كل حاجة من هذه الحاجات تشبع، وتأخذ حقَّها، ولا تطغى إحداها على الأخرى، ومع هذا هناك قاعدة مهمة، وهي أن إشباع الاحتياجات لدرجة التخمة يؤدي إلى حالة من الترهل والضعف والمرض، فلا بدَّ من وجود توازن بين درجة الإشباع ودرجة الحرمان، فالإنسان محتاج أن

يشبع، وفي نفس الوقت أن يحرم مـن بعض الحاجـات .. لمـاذا؟ لأن الحرمـان ينشِّط الدوافع، ويجعل الإنسان يتحرك ويعمل ويكون عنـده أمـل، ويـسعى وراء هـدف.. لو أشبعت كل حاجة، فيستوقف الإنسان عن السـعي والحركة والتفكير والإبـداع.. إذن لا بـدَّ من وجود أشياء يحتاجها.. أشياء يحرم منها يسعى إليها، ويحلم بها.

إذن فهناك توازن ما بـين الإشبـاع والحرمـان؛ فالطفـل لـو أخذ كل احتياجاته، فلـن يكون صحيحًا، ولـو حـرم حرمانًـا شديدًا، ستصبح عنده مشاعر حقد وكراهية وحرمان، وكره لمن حوله؛ لأن كل الذي يحتاجه لا يجده.

وقد وضع علماء النفس معادلة يمكن تجربتها، وهـي في الحقيقـة مفيـدة، قالوا: إنه يكفي تلبية 70 % من احتياجات الطفل، بمعنى: لو الطفل طلب مائة حاجة، يلبي لـه منها 70 فقط، حتى لو كل الـ 100 حاجة منطقيـين، وهـو يحتاجهم فعـلاً، لكـن تلبية الـ 100 حاجة لن تؤدي إلى سلامة هذا الطفل، فلا بدَّ من وجود شيء ينقصه .. يسعى إليه ويحلـم به، ويكون عنده الأمل أن يحصل عليها في وقت من الأوقات، ونشجِّعه أن يعمـل ويـسعى للحصول عليه.

6- مواكبة مراحل النمو:

غالبًا ما تأتي الأم، وتقول: إنَّ أولادها عندما كانوا صغارًا كانت تحبهم، وتحسُّ بـأنهم جـزء منها، وكانوا منسجمين جدًّا معها، لكن عندما كـبروا، أصبحت تحسُّ بغربة معهـم، وكأنهم لم يعودوا أولادها، ولم تعد منسجمة معهم كما كانت؛ فهي عاجزة عن فهمهـم، وهـم بالمثـل غـير قادرين على فهمها، لا تعرف بالضبط من المخطئ هي أم هم؟

هذه الأم نقول لها:

أنها كانت متفقـة مـع أولادهـا في مرحلـة معينـة، وهـم أطفـال، لكـن أولادها يكبرون، ويتطـورون في تفكـيرهم، وفي عـاداتهم، وفي تقاليـدهم، وفي تطلعاتهم، لكن للأسف هي لم تتمكن من مواكبة هذه المراحل، وقفت عنـد مرحلة معينة وتثبتت عندها في حين أن أولادها مستمرين في النمو والتطور؛ فهنا نشأت فجوة ما بين الاثنين، فتكون الغربة واختلاف اللغة، فهي لا تفهـم دنياهم ولا حياتهم ولا طبيعة المجتمع الذي يعيشون فيه، وطريقة التعامـل بينهم ...

وهكذا نقول لها:

أنها هي والأب لا بدَّ وأن يواكبا مراحل النمو، بمعنـى أن يعيـشا معهـم مرحلة مرحلة، وهذه المواكبة مفيدة ليس فقط للأبناء، بل للأب والأم؛ لأنهما أيضًا محتاجان لأن يعيدا هذه المراحل مرة أخرى لأنفسهم، فمثلاً هنـاك أب لم يعش مرحلة طفولته جيدًا، ولم يعش مرحلة مراهقته جيدًا، لأي سبب من الأسباب، فيعيد التجربة مرة أخرى مع أولاده في هذه المرحلة، وكأنـه يعـيش المرحلة التي فقدها أو التـي أفلتـت منـه بـدون ذنـب منـه، أو لأي ظـروف حدثت، هذا يفيـد نفـسيًا، لأن الأشـياء التـي لم يـتمكن مـن فعلهـا، سـيعود لمعايشتها مرة أخرى، فيكمل النقص أو الأمـاكن التـي كانـت مؤلمـة نتيجـة للحرمـان في مرحلـة معينة، وفي نفس الوقت سيكون على نفس الموجة مع أبنائه، فتعطي فائـدة مزدوجـة للطـرفين، وتجدِّد دائمًا طفولة ومراهقة وشباب الأب والأم، وتقوم بعمل حالة من التكامل في شخصيتهما.

7- احترام إرادة الطفل:

كثير من الآباء والأمهات يظنون أن الطفل ليست له إرادة أو أنها تنمو عندما يكبر ويـصبح شابًّا أو رجلاً، لكن الطفل له إرادة من وقت مبكر جدًّا، (ويمكن أن تلاحظ الأم هـذا مـن خـلال رفضه لأشياء وتمسكه بأشياء)، وليس

مسلوب الإرادة، ويتحرك بريموت كونترول كما يريد الأب والأم، حتى وهما معترفان بوجود هذه الإرادة، يريدا أن يلغوها؛ لأنهما يعتقدان أن عندهم خبرة، وعندهم معرفة بالحياة أكثر من هذا الطفل، فلا بدَّ من أن يختارا له طريقته في التفكير، وفي الحياة، وفي تحديد الأهداف والأساليب وكل شيء.

وكثير من الآباء والأمهات يصلون إلى درجة أن يحاولوا جعل هذا الطفل صورة طبق الأصل منهم، وهم يعتقدون - واهمين - أنهم أفضل صورة إنسانية ممكنة أو أفضل نموذج ممكن، وعندما يواجه الطفل بمحاولة إلغاء إرادته يبدأ في هذه اللحظة في اتباع سلوك العناد، وهذه مشكلة كثير من الآباء والأمهات، يشكون منها، ويقولون: إن ابنهم عنيدًا، ويحاولون علاجه من هذا المرض.. العناد! ويحضرون هذا الابن لكي يقوم الطبيب النفسي أو المعالج بترويضه لكي يسمع الكلام، ويقوم بتنفيذ كل ما يريدونه، طبعًا هذا غير ممكن عمليًا، وإرادة الله أعطت لهذا الطفل هذه الملكة.. أن تكون له إرادة مستقلة، خلقه الله صاحب إرادة؛ فلماذا نحاول أن نغيِّر خلق الله؟! وهذا لا يعني أن نتركه تمامًا ليفعل كل ما يشاء بناءً على كونه لديه إرادة مستقلة.

وقد قام العلماء بتقسيم الهداية، وهي نوع من التربية والتوجيه، فقالوا: إنَّ الهداية نوعان: النوع الأول «هداية إبلاغ»، والثاني: «هداية فعل»، هداية الإبلاغ هذه أن نقول للطفل: هذا صواب وهذا خطأ، لا بدَّ لكي يكون عنده قانون يتكيف به مع الحياة والبيئة، ومع الكون كله، فلا بدَّ أن يبلِّغ الأب والأم هذا القانون للطفل، ولكن لا يتوقعوا الامتثال التام لهذا القانون بمجرد إبلاغه؛ لأن هناك هداية أخرى هي هداية الفعل، أن يستجيب الطفل للرسالة التي وصلته، لا يعني بالضرورة أن يستجيب لها كلها، يستجيب لأشياء، ويؤدي أشياء، ويغيِّر أشياء، ويعدِّل أشياء؛ لأن الله خلق له إرادة ورؤية، وله فكر حتى وهو صغير لا بدَّ أن نتأكد من هذا تمامًا، فسيبدأ في الاختيار، وسيبدأ بالتجريب... الأب والأم

وصلا لما هما فيه حاليًا بعد مراحل كثيرة من التجارب والأخطاء والنضج والتعلم، ويريدا أن يأخذ الطفل أو الطفلة نفس الذي وصلا إليه في هذه المرحلة من العمر، مثلاً هما في الأربعين أو الخمسين، يريدا أن يكون لطفل أو طفلة في عمر خمس سنوات أو عشر سنوات نفس آرائهم وتوجهاتهم، وهذا ضدُّ الفطرة، وضدُّ طبيعة الإنسان، وضدُّ إرادته واختياره ومسئوليته التي خلقه الله عليها، ولو أصر الأب والأم على هذا، تحدث المشكلة التي نراها دائمًا، ويشتكي منها الكثير من الآباء والأمهات، أن الطفل عنيد أو الطفلة عنيدة، لا يسمعون الكلام، لا يريدون تنفيذ سوى ما يرونه..

الحقيقة أن ما خلق هذا الموقف المعاند، هو:

أن الأب والأم دخلا في شرنقة الماضي، ولم يتمكنا من رؤية احتياجات الطفل وضروراته ومجتمعه وظروفه والدنيا التي يعيش فيها؛ فهو يعيش في دنيا مختلفة كثيرًا عن دنياهما، وبما أن لديهما سلطة على هذا الطفل؛ فإنهما يحاولا التحكم فيه، وجعله يمشي على شريط القطار الذي حدَّداه له، النتيجة ستكون شيئًا من اثنين، إما أن يستسلم الطفل تحت هذا الضغط والقهر من الأبوين، فيكون طفلاً سلبيًّا واعمتاديًّا، ليس له إرادة، ولا اختيار، ولا مبادرة، ولا تلقائية، ولا أي شيء على الإطلاق، هو سلَّم كلَّ شيء للأب والأم، وفي نفس الوقت يقوم بعمل شيء يسمَّى «العدوان السلبي»، (مش أنتو عايزين ده؟ شوفوا بقى إيه اللي هيحصل).

من الممكن أن يفشل دراسيًّا، أو أخلاقيًّا، فهو قد سلَّم نفسه، ويريد أن

يحمِّل نتيجة هذا الفشل للأب والأم اللذان أصرا على التحكم في خطِّ سيره، وعلى جعله صورة طبق الأصل من الذي يريدونه.

ومن الممكن أن يتمرد الطفل، أن يرفض عمل أي شيء، ويصبح عدوانيًّا، يفعل ضدَّ كل ما يقولونه له، ويصبح عنيفًا جدًّا، (عايزيني أذاكر، لا مش هذاكر، عايزني أنجح، لا مش هنجح، عايزني أبقى أخلاقي كويسة، لا همشي مع أسوأ ناس، وأعمل كلَّ اللي أنتم بتكرهوه؛ لأن هناك صراع إرادات، إما أن أكسب أنا أو أنتم، وطالما لدى شيء أستطيع عمله، فسأقوم به، وسنرى في النهاية من سيكسب؟!).. وتكون رحلة صراع مؤلمة وضارة للطرفين، ويتراكم فيها مشاعر سلبية عند الطفل تجاه الأبوين، وعند الأبوين تجاه الطفل، ويدخل الجميع في أزمة، لا يستطيعون الخروج منها، إلا لو دخل طرف ثالث، يفكُّ هذا الاشتباك، ويبدأ في إخراج هذه المشاعر السلبية التي تراكمت ومشاعر الصراع والعداء التي تكونت نتيجة لإصرار كل طرف على إلغاء إرادة الطرف الآخر.

وهناك أمثلة عظيمة جدًّا من سلوك بعض الأنبياء في هذه المسألة؛ لأن بعض الناس يظنون أحيانًا أن واجبهم الديني أن يحموا أولادهم من الخطأ، وهذا صحيح، قال تعالى: "**يَا أَيُّهَا الَّذِينَ آمَنُوا قُوا أَنْفُسَكُمْ وَأَهْلِيكُمْ نَارًا وَقُودُهَا النَّاسُ وَالْحِجَارَةُ**" [التحريم: 6]، لا بدَّ من توعية الابن للشيء الذي يمكن أن يؤدي لهلاكه في الدنيا وفي الآخرة، وهذه وظيفة الأب بسبب خوفه على الابن، ولأنه أغلى شيء بالنسبة له، ووظيفة الأم أيضًا.. لكن سنقول: إنما علينا هو هداية التبليغ، لكن هداية الفعل نترك أمرها لله سبحانه وتعالى، وندعو أن يوفِّق الله الابن لها؛ لأننا نملكها، فأنت أيها المربي تقوم بعمل ما عليك لكن في النهاية ستحترم إرادة الابن أو البنت واختياره، حتى لو كان هذا ضد اختيارك أو عكسه.

> الكثير من الناس لن يحتمل هذه الفكرة، وسيدخلون في صراع مع الأبناء، سنعطي مثلاً لاثنين من الأنبياء الكرام:

الأول: سيدنا نوح عليه السلام وابنه.. نوح عليه السلام جهّز السفينة، ويعرف بمجيء الطوفان، فنادى ابنه، ولم يكن ابنه على نفس الطريق، فقال: "يَا بُنَيَّ ارْكَبْ مَعَنَا وَلا تَكُنْ مَعَ الْكَافِرِينَ" [هود: 42]، وهذه كانت إرادة نوح عليه السلام، ورؤيته بناءًا على خبرته ومعرفته والوحي الذي ينزل عليه، وهو نبيٌّ، ويخاف على ابنه، لكن تظهر إرادة الابن ورؤيته واختياره: "سَآوِي إِلَى جَبَلٍ يَعْصِمُنِي مِنَ الْمَاءِ"، فردَّ الأب: "لا عَاصِمَ الْيَوْمَ مِنْ أَمْرِ اللَّهِ" [هود: 43]، اليوم مختلف عن كلِّ الأيام السابقة، هذا خطر مختلف تمامًا، ربما كان من الممكن السماح في الاختيار قديمًا، لكن اختيار اليوم مهلك في الدنيا وفي الآخرة، ستموت على الكفر، ومع صعوبة الموقف، نوح عليه السلام يرى ابنه سيموت بعد لحظات على الكفر، يصرُّ الابن على أن يأخذ هذا الموقف الرافض لموقف الأب، وكان متوقعًا أن سيدنا نوح عليه السلام لو كان يفكر مثلنا، أن يرسل له أتباعه ليحضروه إلى السفينة بالقوة، لكن هذا لم يحدث، سيدنا نوح عليه السلام أدى البلاغ، وهو يعرف أن هداية الفعل بيد الله سبحانه وتعالى، ونجا الأب بما رأى، وهلك الابن بما رأى وفعل، لكن الله خلق الإنسان بهذه الإرادة، ولحكمته أراد لها أن تعمل، وكان هذا مثلاً في العصيان، سنأخذ مثلاً آخر في الطاعة، ونرى أنه أيضًا في حالة الطاعة لا تلغى الإرادة عند الطفل أو عند الابن.

الثاني: سيدنا إبراهيم عليه السلام.. عندما رأى في المنام أنه يذبح ابنه إسماعيل عليه السلام، وهو يعرف أن رؤيا الأنبياء حق، وأنها واجبة التنفيذ، المتوقع - حسبما نفهم - أن أمر الله لا بدَّ من أن ينفذ، ويذبحه فورًا، لكن سيدنا إبراهيم عليه السلام لم يفعل هذا احترامًا لإرادة ابنه إسماعيل، فذهب إليه بمنتهى المودة والرحمة والعطف: "يَا بُنَيَّ إِنِّي أَرَى فِي الْمَنَامِ أَنِّي أَذْبَحُكَ فَانْظُرْ مَاذَا تَرَى" [الصافات:12]، نرى كيف قال له سيدنا إبراهيم عليه السلام: "يَا بُنَيَّ"، و"إِنِّي أَرَى فِي الْمَنَامِ"؛ لأنه لو كان قال له: إنَّ الأمر من الله مباشرةً، لما كان من الممكن أن

يختار، لكنه أعطى فرصة لإسماعيل ليقول رأيه - مثلاً - هذا منام ويمكن تأجيله أو التفكير فيه، فانظر ماذا ترى؟ مع أن سيدنا إبراهيم عليه السلام يعرف أنه لا رأي هنالك، هذا أمر إلهي.. يقول سيدنا إسماعيل عليه السلام: "**يَا أَبَتِ افْعَلْ مَا تُؤْمَرُ سَتَجِدُنِي إِنْ شَاءَ اللهُ مِنَ الصَّابِرِينَ**" [الصافات:12]، هنا اختار، وكان له فضل الاختيار يثاب عليه، ولم يذبحه مباشرةً بدون اختيار، حتى لا يكون قد ذبح غدرًا، دون إرادة، ولكن ترك له فضل الاختيار.

وهذا درس يعلمنا أن الطفل له إرادة، وأننا كآباء وأمهات ليست وظيفتنا أن نلغي هذه الإرادة عند الطفل، ولكن أن نوجِّه ونهذِّب، أن نقول ونبلِّغ ونوضِّح ونبيِّن، لكن في النهاية، سنسلِّم؛ لأن هذا الطفل له إرادة، وأن الله شاء بحكمته أن تكون هذه الإرادة موجودة، وتأتي آية مهمة تحسم هذا الموضوع تقول: "**وَلَوْ شَاءَ رَبُّكَ لَآمَنَ مَنْ فِي الْأَرْضِ كُلُّهُمْ جَمِيعًا أَفَأَنْتَ تُكْرِهُ النَّاسَ حَتَّى يَكُونُوا مُؤْمِنِينَ**" [يونس: 99]، فاحترام إرادة الإنسان حتى في الإيمان والكفر، "**لَا إِكْرَاهَ فِي الدِّينِ قَد تَّبَيَّنَ الرُّشْدُ مِنَ الْغَيِّ**" [البقرة: 256]، لا يوجد إكراه حتى في الأشياء شديدة الأهمية، إذن فمن باب أولى أن الأشياء الأقل أهمية لا يوجد فيها إكراه.

ولكي يؤكِّد لنا ربنا هذه الحقيقة ضرب أمثلة لاستحالة إكراه البشر على شيء، وكانت الأمثلة تمثِّل غالبية العلاقات بين البشر؛ فهذا رسول الله محمد صلى الله عليه وسلم لم يستطع هداية عمه أبو طالب رغم كل ما بذله معه من جهد، ولذلك قال له الله تعالى: "**إِنَّكَ لَا تَهْدِي مَنْ أَحْبَبْتَ وَلَكِنَّ اللهَ يَهْدِي مَن يَشَاءُ**" [القصص: 56]، وسيدنا إبراهيم عليه السلام لم يقدر على هداية أبيه، وسيدنا لوط عليه السلام لم يقدر على هداية زوجته، وسيدنا نوح عليه السلام لم يقدر على هداية ابنه.. وهكذا تتعدد النماذج في علاقات مختلفة لتثبت في النهاية أن هداية الفعل لا يملكها إلا الله سبحانه وتعالى، لذلك حين يفعل الأب ما عليه أو تفعل الأم ما عليها؛ فلا يبقى إلا أن يدعوا لابنهما بالهداية والتوفيق، ولا يحاولان قهره أو إلغاء إرادته.

وهذه النقطة تسبب صراعًا شديدًا ما بين الآباء والأمهات من ناحية والأبناء من ناحية أخرى، وتداعياتها السلوكية كثيرة جدًّا، إما سلبية واستسلام وشخصية اعتمادية، وإما عناد وتمرد ومكايدة وصراع ومشاكل ليس لها أول من آخر.

8- مراعاة مشاعر الطفل:

ففي مجتمعاتنا - كما قال أحد العلماء: عندنا أمية تربوية، وعندنا أمية نفسية، وعندنا أمية وجدانية؛ الأمية التربوية هي أننا محتارون في كيفية تربية الأولاد، ولدينا أخطاء كثيرة، كلنا بلا استثناء بما فيهم من يحاضر في التربية، والذين يقومون بأبحاث كبيرة جدًّا في التربية عندهم أخطاء في تربية أولادهم؛ لأن موضوع التربية هذا لم يأخذ منا اهتمامًا كبيرًا، أحيانًا نربيهم بطرق محفوظة وأنماط جامدة غير مرنة، ونصمم عليها، ولا نغيِّرها مع الوقت، رغم أن الطفل كما قلنا يتغيَّر وينمو، واحتياجاته تختلف من وقت لآخر، لكننا توقفنا عند أنماط جامدة، وقواعد صلبة، وصمَّمنا عليها، رغم أن هذه القواعد من الممكن أن تكون صحيحة إلا أن عدم تغييرها وعدم مواكبتها لتطور الطفل ونموه يجعلها غير صحيحة، وتحتاج إلى تعديل وتغيير من وقت لآخر، فعندنا أمية تربوية بلا شكٍّ، وكلنا نحتار في كيفية تربية الأولاد، وما نقدِّمه الآن يحلُّ المشكلة، لكنه سيسهِّل الأمور كثيرًا على الأب والأم، ويكون كمصابيح تنير بعض المناطق، وليست لدينا خبرة كافية لنفوسنا ولنفوس الآخرين، لهذا نحسُّ بعدم الراحة، وعلاقاتنا مضطربة.

وهناك الكثير من الصدمات والاحتكاكات بسبب الأمية النفسية، فنحن لم نعط لهذا الجانب أهمية، بأن نفهم أنفسنا ونفهم الآخرين.

أما الأمية الوجدانية؛ فهي أمية المشاعر، بمعنى أننا لا نعطي للمشاعر اهتمامًا كبيرًا، ولا نراعي مشاعر بعضنا بشكلٍ كافٍ، ولا يهمنا الكلمة التي نقولها، إنْ كانت تؤثر في هذا أو تغضب ذلك، فكثير ما نقومُ بعملٍ أشياء لا نحسُّ بها، ولكنها تسبب آثار كبيرة على الناس، والطفل - على وجه الخصوص - كائن رقيق بريء ناعم ولطيف، تكون له مشاعر مرهفة جدًّا، وتحتاج للتعامل بدقة وحساسية؛ لأن هذا الطفل كيان بريء يحتاج أن تكون في غاية الحرص والحذر في التعامل معه، فإذا انتهكت هذه البراءة بتعامل فظ غليظ خشن لا يقدر أن لهذا الطفل مشاعر وأحاسيس؛ فإنك تؤذيه غاية الإيذاء دون أن تدري، ودون أن يستطيع هو التعبير لفظيًا عما حدث له، فالطفل لم يتعوَّد بعد التعبير عن مشاعره بلغتنا المعتادة، لذلك حين يتأزم وجدانيًا ربما يظهر عليه ذلك في صورة اضطراب في الشهية أو اضطراب في النوم أو اضطراب في السلوك، والحقيقة أننا لا ندرك هذه المشاعر بدرجة كبيرة، وأن مشاعر هذا الطفل مختلفة عن مشاعرنا، ولا تظهر بالشكل الذي اعتدناه؛ لأنها لم تأخذ الشكل المميز لكنها موجودة، ونحن في حاجة لقراءتها بلغتها دون تعقيد.

9- رعاية مواهب الطفل، واحترام الفروق الفردية بين الأطفال:

كثيرٌ من الآباء والأمهات يريدون للأطفال أن يصبحوا قالبًا واحدًا، يريدونهم بنفس السلوك، (الولد ده طيب ومطيع يبقوا كلهم يطلعوا كده، الولد ده شاطر في المدرسة يبقوا لازم كلهم يكونوا شطَّار في المدرسة، الولد ده بيعرف يرسم يبقوا لازم كلهم يعرفوا يرسموا، الولد ده حفظ لقرآن في سن صغير يبقوا لازم كلهم يحفظوا القرآن في سن صغير)..

إهدار الفوارق الفردية يسبب مشكلة كبيرة أو عدة مشاكل:

أولاً: ينكر فطرة خلقها الله في الإنسان، وهي أن كلَّ إنسان في هذه الدنيا يؤدي رسالة معينة، ويضيف للحياة شيئًا مختلفًا عما يضيفه باقي الناس، فكيف

نريد منهم أن يكونوا كلهم شيئًا واحدًا، نفس الطريقة ونفس الأسلوب، كما نريد لا كما يريدون، هنا كل فرد سيفقد القدرة الخاصة التي وهبه الله إياها، حيث إن كل إنسان وهبه الله قدرة خاصة ليضيف بها إلى هذه الحياة، فبإنكارنا لهذه الموهبة، تضيع الموهبة، وفي نفس الوقت لن نتمكن من إجبار الطفل على التميز في مجال ليس موهوبًا فيه، كما يجعل الأولاد يغارون من بعضهم؛ لأن كل طفل يريد أن يصبح مثل أخيه، ولا يستطيع، فيبدأ في كرهه؛ لأنه يشعر بأنه يقوم بعمل شيء يعجب الأب والأم، وهو لا يستطيع عمل هذا الشيء الذي يحوز رضا وإعجاب الأبوين، وينظرون إليه على أنه أقل من أخيه، فيغار منه ويكرهه.

لكن لو أحس كل طفل بأنه محبوب لذاته ولإمكانياته، وأننا لا نقارنه بأخيه، ولكن نقول له: أنه متميز في كذا، وأخوه متميز في كذا، وأننا نحترم قدراتهم ومواهبهم وفروقهم الفردية؛ فإنَّ ذلك يؤثر إيجابيًّا عليهم جميعًا.

لو عرفنا هذه الحقيقة، وعرفنا أن الله سبحانه وتعالى أعطى كل إنسان قدرة وملكة وموهبة، يقوم بعمل شيء معين بها في هذه الدنيا، فستختلف أحوالنا بكلِّ تأكيدٍ مع أطفالنا، سننظر إليهم بعطف ورعاية لكلِّ موهبةٍ عند كلِّ طفل، بالشكل الذي تظهر به، وننمِّيها ونهذِّبها ونكبرها ونوجهها، لكن لا نطفئها، فنحن في مجتمع - للأسف الشديد - يقتل كلَّ المواهب؛ لأن لدينا تصور أن النجاح نمطي، وتصور يكاد يكون أحاديًا، أن الطفل لا بدَّ من أن يقوم بعمل أشياء معينة، ولكن هناك ألوان كثيرة من النجاح والإبداع والعطاء، وألوان كثيرة من تعمير هذه الحياة، كل شخص يقوم بعملها بطريقته، وبالهبة التي منحه الله إياها، فلا نشوِّه هذه الفطرة.

والرسول صلى الله عليه وسلم كان حوله نخبة ممتازة من الصحابة ﭫ، كل واحد منهم لديه خلفية ثقافية معينة، منهم العبد، ومنهم السيد، ومنهم التاجر، ومنهم الصانع،

ومنهم السياسي، والعالم، والعسكري، فلم يفرض الرسـول صلى اللـه عليـه وسـلم عليهم أنماطًا معينة وثابتة، ولم يضعهم في قوالب محددة، وإنما نمَّى كـل شخصية لتعطي أفضل مـا عندها، فمن كان لديه ملكة الحفظ حفظ الأحاديث كـ «أبي هريرة ﷺ»، ومن كان لديه ملكة الصوت الندي صار مؤذنًا كـ «بلال بن رباح ﷺ»، ومن كـان لديه ملكة التجارة أصبح تـاجرًا عظيمًا كـ «عبد الرحمن بن عوف ﷺ».. وهكذا كل شخص وضع في المكان المناسب له؛ ليعطي أفضل ما عنده، وفي النهاية تكون لديه باقة مـن القدرات والملكـات تتكامـل وتعطي مجتمـع مبدع ومبتكر، وهذا ما نفتقده في مجتمعنا الحالي.. إننا نفتقد ملكات الإبداع والابتكار في كـلِّ المجالات، في العلم، والأدب، والدين، والفن، وكل شيء؛ لأننا نرى هذه المواهب، ولا نحترمها.

وفي الآونة الأخيرة كَثُرَ الحديث عما يسمَّى بـ «الذكاءات المتعددة»، مثل الـذكاء اللفظي اللغوي، والذكاء المنطقي الحسابي، والذكاء البـصري الفراغـي، والذكاء الحركي، والذكاء الفني، والذكاء الاجتماعي، والذكاء الوجداني، والذكاء الروحي، وللأسف الشديد نحن لا نقيم في أبنائنـا غير عدد قليل من هذه الذكاءات غالبًا الذكاء اللفظي واللغوي والذكاء المنطقي الحسابي، وهذا يهدر بقية ملكاتهم التي أودعهم اللـه إياها، ويتركهم فـي حـيرة، ويجعلهـم يـشعرون بالدونيـة؛ لأن ملكاتهم ليست لها قيمة عند الناس.

وهذه النظرة المختزلة للأبناء لا تتوقف عند حدود البيت، وإنما تمتد أيضًا إلى المدرسة (بل ربما يكون مـصدرها الأسـاسي فـي المدرسة) حيـث يقوم النظـام التعليمي عـلى تقدير ملكـات محدودة لدى الطالب (غالبًا اللفظيـة اللغويـة والمنطقيـة الحسابية)، ويهمل بقيـة الملكـات والذكاءات، ولهذا نجد الطلاب لا يحبون مدارسهم؛ لأنهم لا يجدون أنفسهم فيها، وقد زاد مـن هذه المشكلة الانتشار الوبائي للدروس الخصوصية، والتي كانت في فترة من الفترات بمثابة

التعليم الموازي، والآن أصبحت تمثل التعليم البديل، والتعليم في الدروس الخصوصية يقوم على فكرة إعداد كائن امتحاني يحصد أكبر عدد من الدرجات، ولا شيء غير ذلك، وهكذا يختزل الطالب كإنسان، ويتحول لأداة تجمع الدرجات، فضلاً عن اكتسابه صفات الاعتمادية والانتهازية والاستسهال والمسايرة والنمطية، وكلها صفات تخرج لنا جيلاً هزيلاً لا يعتمد عليه.

10- مراعاة الترغيب والتكامل في وسائل التربية:

قرَّر علماء التربية أن الوسائل التربوية تتبع حسب الترتيب التالي:

☜ القدوة.

☜ الثواب.

☜ العقاب.

ومع هذا نجد المربين لا يولون القدوة أهميةً كبيرةً، ولا يولون الثواب اهتمامًا أو عنايةً، وربما تختزل العملية التربوية برمتها في العقاب، ويختزل العقاب في الضرب.

وأذكر أنني كنت أزور عددًا من المدارس، ووجدتُ انزعاجًا شديدًا من المدرِّسين بسبب القانون الذي منع ضرب الطلاب في المدارس، وكان هؤلاء المدرسون يتساءلون: «إذا كنا سلبنا هذه الوسيلة التربوية الأساسية؛ فكيف نتحكم في هؤلاء الطلاب؟! وكيف نستطيع تعليمهم؟!»، وكان يبدو جليًا أن لديهم اعتقاد راسخ أن العملية التربوية تسقط تمامًا في حالة انتفاء عقوبة الضرب، وربما يعود ذلك إلى الثقافة السائدة لدينا منذ سنوات طويلة، والتي اختزلت التربية في العقاب، واختزلت العقاب في الضرب، وأهملت سائر الوسائل التربوية الأكثر أهميةً وتأثيرًا، مثل القدوة والثواب والوسائل الأخرى

من العقاب كالعتاب والتوبيخ والحرمان... إلخ.

ولكي تسير العملية التربوية بشكلٍ صحيحٍ لا بدَّ وأن تتوازن وتتكامل فيها كل الوسائل التربوية مع مراعاة الفروق الفردية بين الأطفال؛ فهناك مَنْ تكفيه الإشارة، وهناك مَنْ تكفيه نظرة العتاب، وهناك مَنْ ينصلح بالقدوة، وهناك مَنْ يحفزه الثواب، وهناك مَنْ يحتاج للعقاب، والمربي الناجح هو الذي يعرف متى وأين وكيف يستخدم هذه الوسائل.

* * *

نماذج تربويـــة

سؤال يردده الكثير من الآباء والأمهات: كيف نربِّي أبناءنا وبناتنا؟

والسؤال ليس جديدًا، وإنما زادت حدته، وزاد إلحاحه في السنوات الأخيرة خاصةً بعد التحولات السياسية والاجتماعية والاقتصادية والثقافية الحادة التي صاحبت فكرة العولمة، فقد أصبحت خصوصيات المجتمعات المحلية مهددة تحت تأثير البث الإعلامي الهائل والمتعدد والمتناقض في آن، ولم يصبح زمام التربية في أيدي الآباء والأمهات والمدرسين والمدرسات وأئمة المساجد ووعاظ الكنائس فحسب، وإنما تعددت الأيدي الممسكة بهذا الزمام، فشملت التليفزيون (كأداة تربوية أساسية في الوقت الحالي شئنا أم أبينا، وبصرف النظر عن إيجابياتها وسلبياتها)، والإذاعة، والصحف، والمجلات، والكمبيوتر، والإنترنت... وغيرها من وسائل الاتصالات الحديثة والمتعددة.

وهنا وقف المربون التقليديون في حيرة شديدة؛ فهم لا يعرفون كيف يواجهون هذه «التعددية التربوية» من ناحية، وبعضهم (إنْ لم يكن أغلبهم) لم يكن من البداية يعرف حدود النموذج التربوي الأمثل لأبنائه وبناته، فنحن في المجتمعات العربية والإسلامية نعاني مما يمكن تسميته «الأمية التربوية»، وهي جزء من أميات كثيرة ما زلنا نعاني منها كالأمية النفسية، والأمية السياسية، والأمية الأخلاقية.. ونتج عن هذه الحيرة مضاعفات كثيرة، فبعضهم بالغ في إغلاق النوافذ على أبنائه وبناته بغية حمايتهم مما يعتقد أنه تلوث ثقافي وديني وتربوي، وبعضهم تساهل في فتح كل النوافذ عملاً بمبادئ الحرية والاختيار

والمسئولية، والبعض الآخر ظلّ مذبذبًا لا يعرف ماذا يفعل.

ويمكننا أن نرصد بعض النماذج التربوية السائدة في مجتمعاتنا مبينين بعض إيجابياتها وسلبياتها أملاً في توسيع رؤية قاعدة الاختيار للنموذج التربوي الأكثر ملاءمة والأكثر توازنًا:

1- التربية العفوية (الفطرية): ويميل إليها سكان القرى والمستويات الاجتماعية البسيطة، وهي تعني غياب تصور مسبق للتربية، لذلك يعتمد الوالدان على ردود أفعالهما الفطرية العفوية في المواقف المختلفة، فهم كآباء وأمهات يحبون أبناءهم وبناتهم، ويعملون بشكل طبيعي وتلقائي من أجل مصلحتهم، وهذا يكفي (في نظرهم)، خاصةً وأنهم - أي: الآباء والأمهات - قد تربوا بهذه الطريقة البسيطة، وهم يرون أنها صالحة لأبنائهم.

ويستشهد المتحمسون لهذه الطريقة التربوية بآباء وأمهات بسطاء جدًّا، لم يحصلوا على أي قدر من التعليم، وقد ربَّوا أبناءً وبناتًا تقلدوا أرفع المناصب، ووصلوا إلى أعلى الدرجات العلمية والثقافية.

وتتميز هذه الطريقة بالبساطة والعفوية كما تتميز بوجود قدر كبير من المشاعر التلقائية بين الآباء والأبناء، وتتميز أيضًا بالمرونة في المواقف المختلفة، لكن يعيبها عدم ثبات نتائجها؛ فهي أحيانًا تنجح نجاحًا واضحًا، والنماذج على ذلك موجودة فعلاً، وأحيانًا أخرى تفشل فشلاً ذريعًا، وحيثما لا توجد قواعد واضحة يصعب بالتالي التنبؤ بالنتائج.

2- التربية العقلانية (السيكولوجية): ويصف الدكتور عبد المنعم الحفني هذا النموذج التربوي في «الموسوعة النفسية الجنسية» (الطبعة الأولى -

1992م- مكتبة مدبولي) بقوله: «وليس أجدى في التربية مما يسمَّى بالطرق السيكولوجية؛ فهي أفضل في نتائجها من الضرب والتهديد والتفريغ، وكم من طفل استقام أمره بحثه على التعقل، واستنفار قواه الذاتية، نتيجة ما يستشعره من تأنيب ضمير أو ذنب، وإنه لمن المفيد ألف مرة أن يظهر الأب أنه مستاء أو غير راضٍ دون أن يضرب ابنه أو يهدِّده أو يقرعه، ولا يفعل العقاب سوى أنْ يزيد الطفل العدواني عدوانية، ويملأ قلبه بالكراهية لأبويه».

وهذا الأسلوب التربوي يميل إليه المتعلمون والمثقفون والمنتمون إلى الطبقات الاجتماعية الأعلى، وذلك بحسب تركيبتها العقلانية الراشدة، وبحسب ما يتاح لهم من قراءات نفسية، توضح لهم قيمة الحرية والاختيار والمسئولية لهم ولأبنائهم على السواء، كما أن هذه الطبقات بطبعها لا تميل إلى العقاب البدني أو حتى اللفظي، وربما يميل إلى هذا النموذج أيضًا الآباء والأمهات فاقدي أو ناقصي المشاعر الوالدية الطبيعية، وخاصة النساء المسترجلات اللآتي لا تسعفهن مشاعر الأمومة الفياضة، فنجد الواحدة منهن تهرع إلى الكتب النفسية أو إلى المتخصصين في التربية، تبحث عن إجابة لكلِّ صغيرةٍ وكبيرةٍ في حياة طفلها، وبالتالي تكون استجاباتها (أو معظمها) مبنية على توجيهات علمية خارجية، وبالتالي ينقصها التلقائية، وينقصها الجانب الوجداني، ولهذا تجد في عيون أبنائها آثار حرمان عاطفي لا تخطئه العين الخبيرة.

ويشير الدكتور الحفني إلى الوجه الآخر للتربية العقلانية (السيكولوجية) بقوله: «ومن ناحية أخرى؛ فقد يؤدي الغلو في اللجوء إلى الطرق السيكولوجية في التربية إلى أن ينمو الطفل عقلانيًا، وشديد الانتماء، فيسلبه ذلك قدرته على المبادرة والتصرف بعفوية، حيث تقتضي العقلانية أن يكثر التفكير في الأمور، ويتردد قبل أن يقوم بعمل ما، ويقتضي انتماؤه أن يفكر في إرضاء الناس،

فيعمل وفق هواهم».

وهكذا نجد أنه على الرغم من أن النمط العقلاني (السيكولوجي) يرتكز على قواعد تربوية علمية، وبالتالي يمكن التنبؤ بنتائجه إلا أن المبالغة فيه تأتي على حساب نمو الجوانب الوجدانية التلقائية والطبيعية، فيكون الطفل أشبه بنبات (الصوبات) شكله جذاب، ولكن طعمه مائع.

3- الإهمال: هو أسلوب تربوي ينشأ عـن انشغال الوالـدين أو غيابهما عـن الابن (أو البنت)، فينشأ ولديه شعور بانعدام القيمة، وانعدام الحبِّ، ويجد صعوبة بعد ذلك في إقامة علاقة سوية مع الناس، فهو لا يـستطيع أن يحـبَّ أحد أو يحبه أحد، وهو فاقد القدرة على الأخذ والعطاء على المستوى الإنساني،  لذلك ينشأ ذاتويًا منكمشًا، وإذا حدث وتزوَّج؛ فهو غير قادر على الاهـتمام الوجـداني بزوجتـه وأبنائـه؛ لأن مـستقبلات الحـب والاهتمام والرعاية لديه لم تتعوَّد على العمل قبـل ذلك في أسرته الأصلية، وهذا الطفل المهمل ربما يميل إلى جـذب الانتبـاه بـأعمال إيجابية أو سلبية، فـيمكن أن يتفوق دراسيًا، أو يتميـز في بعـض الأعمال لكي ينال رضا الآخرين، ويمكن أيضًا أن يكذب أو يسرق أو يعتدي لمجرد جذب الاهتمام، وأحيانًا نجد هـذا الـشخص الـذي عانى الإهمال في حياته المبكرة يستغرق كثيرًا في عمله، وينشغل به طوال الوقت، ويجد فيه بديلاً وعـزاءً عـن التعامـل الإنسـاني الـذي لا يجيـده، ولا يـستمتع بـه؛ فالأشياء لديه أهم من البشر.

4- النبـذ (الرفض): وقد يبدو غريبًا للوهلة الأولى أن ينبـذ الأب أو الأم طفليهما، ولكـن هذا يحدث فعلاً في الواقع، ولنضرب لذلك بعض الأمثلـة: الأم التـي تزوَّجـت رجلاً لا تحبـه، ولا ترغب في استمرار العلاقة معه، ربما ترفض ابنها

أو ابنتها منه (بوعي أو بدون وعي).. والأب الذي يشكُّ في سلوك زوجته كثيرًا ما يرفض أبناءه منها؛ لأنه يشكُّ في انتسابهم إليه.. والأم التي أنجبت عددًا كبيرًا من البنات ثم رزقت ببنت أخرى، وهي لم تكن ترغب في ذلك.. أو الأبوان المشغولان اللذان رزقا طفلاً لم يستعدا - حسب رأيهما - لاستقباله... إلخ.

كلُّ هذه النماذج لحالات يمكن أن يعاني فيها الطفل من الرفض (الواعي أو غير الواعي لا فرق)، وهذا الرفض يصل في صورة معاملة قاسية، وعدوان لفظي أو جسماني أو حرمان مادي أو عاطفي متعدد أو حتى تهديد لحياته، لذلك فهو يعيش في جو غير آمنٍ، ولا يستطيع أن يثق في أبويه، وبالتالي لا يثق في أحد أبدًا، وينشأ قاسيًا عدوانيًا متسلطًا، ويعتبر الرحمة ضعفًا، ويحاول جاهدًا أن يعلو على الآخرين، ويتملكهم بالقوة والسيطرة لا بالحبِّ الذي لا يعرفه.

والكثيرون من الطغاة والجبارين والمستبدين في التاريخ الإنساني كانوا إنتاجًا لهذا النمط التربوي، ودفعت الإنسانية كلها ثمنًا غاليًا لهذا الانحراف التربوي الخطير.

5- التدليل: ويحدث كثيرًا مع الطفل الأوحد، أو الولد الوحيد وسط أخوات، أو البنت الوحيدة وسط ذكور، أو المولود الذي جاء بعد فترة عقم أو بعد وفاة عدد من الأطفال قبله، أو الطفل الأول أو الأخير... وهكذا.

والطفل المدلل يتعوَّد على درجة عالية من الاهتمام من كلِّ مَنْ حوله؛ فهو مركز الأسرة، ومحور اهتمامها، وكل طلباته مجابة، وهو يأخذ كلَّ شيءٍ، ولا يعطي شيئًا؛ فليس مطلوب منه أن يعطي، يكفي فقط وجوده لسعادة الأسرة، ولهذا ينشأ أنانيًا محبًّا لذاته، ومولعًا

بها إلى درجة النرجسية، وهو بالتالي غير قادر على تحمل مسئولية الدراسة أو العمل أو الزواج.

وهو حين يتزوَّج يميل إلى اختيار زوجة تقوم بدور الأم البديلة لكي ترعاه، وتلبي كلَّ احتياجاته، ويكون غير قادر على العطاء المادي أو الوجداني لها ولأولاده منها، فمراكز العطاء عنده لا تعمل؛ لأنها لم تتعوَّد على العمل قبل ذلك، وفي المقابل فإنَّ مراكز الأخذ لديه نشطة طوال الوقت.

وقد قرَّر علماء النفس أن تلبية مطالب الطفل بنسبة أكثر من 70% يفسده، فكما أن درجة من الإشباع مطلوبة للتربية السليمة، فإنَّ درجة من الحرمان أيضًا مطلوبة.

6- **الحماية الزائدة:** وغالبًا ما تتورط الأم في هذا النمط التربوي خاصةً في غياب الأب أو نتيجة لعوامل شخصية فيها، مثل الوحدة وعدم الإحساس بالأمان، فتسقط هذه المشاعر على طفلها، فتحوطه برعاية زائدة، وحب خانق، وتراقبه في كلِّ حركاته وسكناته، ولا تسمح له بالخروج إلا للضرورة القصوى، ثم تقف في النافذة تنتظر عودته على أحر من الجمر، ولا تسمح له بالاختلاط بغيره من الأطفال أو النزول إلى الشارع، وتسوق لذلك حججًا كثيرة منها أنه يتعلم ألفاظًا نابيةً من الأطفال أو أنه ضعيف البنية أو أن المنطقة التي يعيشون فيها غير آمنةٍ... إلخ.

وهذا الطفل ينشأ مسلوب الإرادة، فاقد للمهارات الاجتماعية اللازمة للحياة، ويعيش في تبعية لأمه ثم لزوجته بعد ذلك؛ فهو يختار زوجةً متسلطةً (مسترجلة)، تقوده وتحميه كما كانت تفعل الأم، وهو لا ينضج أبدًا، بل يظلُّ

طفلاً ضعيفًا غير مسئولٍ، ولا يستطيع القيام بواجباته المدرسية إلا في وجود الأم بجانبه، وأحيانًا يظلُّ ينام بجانبها في سرير واحد حتى بعد أن يتجاوز العشرين أو أكثر من عمره، وربما تأتي الأم لتشكو من سلبية ابنها واعتماده عليها، ولكنها (بدون وعي) تريده أن يبقى هكذا لكي تضمن بقاءه في حضنها مهما كانت النتائج.

وفي بعض الأحيان يتمرد هذا الطفل على أمه أو أبيه في سن المراهقة، وكسر حاجز الحماية الذي نصباه حوله، ويصبح عدوانيًا وقحًا، كردٍّ فعل للحماية الزائدة التي فرضت عليه، وربما يبالغ في الدخول إلى كلِّ مجالات الانحراف التي كان يخشاها أحد الوالدين أو كليهما.

7- **التربية المتدينة:** وفيها يلجأ الوالدان إلى اتباع القواعد الدينية في العملية التربوية، وهما في هذه الحالة يشعران بالأمان التربوي حيث إنهما يعتقدان أنهما ينفذان التعاليم الربانية العليا في تربية طفلهما، وهما يربطان التعليمات التربوية بالتعاليم الدينية، وبذلك يتجنبان الصراعات الشخصية مع أبنائهم، فالأمر كله لله، وهو الخبير بعباده، وبما يصلحهم أو يضرهم؛ لأنه هو خالقهم، ونظامه التربوي (سبحانه وتعالى) هو أفضل النظم على الإطلاق.

ومع كلِّ هذه الاعتبارات السابقة نرى في الأسرة المتدينة مشاكل عديدة ليس سببها المنهج التربوي الإلهي، وإنما سببها طريقة فهم الآباء والأمهات لهذا المنهج، وطريقة تطبيقه في الحياة اليومية لأبنائهم، فكلُّ أبٍ وكلُّ أمٍّ يختارا من النصوص الدينية ما يتلاءم مع طبيعة شخصيته، ويفسرها حسب ميوله واتجاهاته، ويطبقها أيضًا طبقًا لهذه الاعتبارات، وربما يبدو هذا منطقيًا ومتوقعًا؛ فالتدين في النهاية سلوك بشري يمكن أن يتفق أو لا يتفق مع المنهج الإلهي، ولكن المشكلة في هذا النوع من التربية أن الآباء والأمهات حين يخطئون، فهم

غير مستعدين لتصحيح ذلك؛ لأنهم يعتقدون أن ما يفعلونه هو الصواب المطلق، وأن ما عداه خطأ، ولذلك يفتقدون المرونة التربوية، بل ويحاولون فرض رؤيتهم الدينية على الأبناء، باعتبار أنه لا خيار لأحد أمام النصوص الدينية المطلقة، وفي هذا المناخ إما أن يخضع الأبناء لرؤية الآباء وتفسيراتهم للنصوص الدينية، ويصبحون مقلدين في الغالب، وإما أن يتمردوا على تلك التفسيرات، وربما يتمردوا على كلِّ ما هو ديني؛ لأنه يذكِّرهم باستبداد والديهم وتحكمهم.

أما إذا كان المنهج الديني والتعاليم الدينية تسري في جو الأسرة من خلال القدوة الحسنة، والنماذج المتوازنة المحبوبة في الوالدين؛ فإنَّ الحالة التربوية تكون في أفضل أوضاعها، حيث الإيمان بالله يفتح في نفوس الأبناء آفاقًا هائلةً للحبِّ والعطاء والرحمة والتسامح والإيثار في جو القداسة المفعمة بالدفء الوجداني العميق.

5- التربية المتوازنة: وهي التي ترعى جوانب التطور والتكيف في شخصية الطفل، وترعى الجوانب الفردية والاجتماعية، وترعى الجوانب الدينية والدنيوية، وتعطي اعتبارًا لاحتياجات الطفل في المراحل العمرية المختلفة، وتواكب هذه الاحتياجات بمرونة وفهم، وتهتم بالقدوة أكثر من اهتمامها بالعقاب، وتوازن بين الإشباع والحرمان، وتعطي الفرصة للطفل كي ينمو وينضج ويتطور، وفي ذات الوقت يحتفظ بعلاقته الإيجابية بأسرته، وتوازن بين الجوانب العقلية والجوانب الوجدانية والجوانب الروحية، وهي تربية ديناميـة (حركية)، بمعنى أنها لا تستند إلى مفاهيم ثابتة وجامدة في كلِّ المراحل، وكل الظروف، وإنما تتميز بالمرونة والمواكبة، وتقدير المراحل والظروف المتغيرة بالضرورة في حياة الطفل.

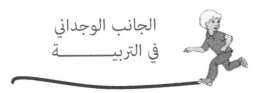

الجانب الوجداني في التربيـــــــة

حكت لي إحدى الأمهات كيف أنها ذهبت مرافقة لزوجها إلى بريطانيا، ومعهما ابنهما الوحيد البالغ من العمر 5 سنوات، وأخذت الأم طفلها وألحقته بإحدى دور الحضانة في مدينة لندن، وكانت مشفقة عليه، ولكنها فوجئت بعد عدة أسابيع تعلق طفلها الشديد بالحضانة لدرجة أنه كان يبكي يومي الإجازة الأسبوعية، فهو يتمنى أن يذهب إلى الحضانة كل يوم بلا انقطاع، ولما ذهبت الأم لترى سبب تعلق ابنها بالحضانة إلى هذا الحدِّ عرفت السر، فبالرغم من حاجز اللغة بين الطفل وأقرانه، وبينه وبين مربيته، إلا أن المربية اعتمدت على الرعاية الوجدانية العالية، وهي لغة عالمية تتجاوز حدود اللغات والثقافات، وشيئًا فشيئًا بدأ الطفل يكتسب اللغة نظرًا لما أحاطه أصحابها من مودة ورعاية.

حين سمعت هذه القصة تذكرت بألم ما نشاهده في مصر، وفي بعض البلدان العربية من نفور أبنائنا وبناتنا من المدارس، واختلاقهم الأعذار لعدم الذهاب للمدرسة، وكيف أن الدروس الخصوصية في مرحلة من المراحل صارت تمثل نوعًا من التعليم الموازي، ثم في المرحلة الحالية أصبحت تمثل تعليمًا بديلاً، وكاد أن ينهار التعليم المدرسي، وتنهار معه العملية التربوية التي لا تتم إلا في المدرسة.

ويبدو أن أحد أهم أسباب الفشل المدرسي لدينا إهمال الجانب الوجداني في التربية إلى الدرجة التي أصبحت معها الحياة المدرسية تتسم بالجفاف والوحشة، والصراع المتبادل بين المدرسين والطلاب، وبين المدرسين والإدارة، وبين الجميع ووزارة التعليم... وهكذا.

وعلى الرغم من شيوع مفهوم الذكاء الوجداني، ومفهوم النضج الوجداني في الآونة الأخيرة إلا أن نظامنا التربوي في البيت والمدرسة ما زال بعيدًا جدًّا عن الاهتمام بهذه المفاهيم.

والغريب أنه منذ أكثر من مائة عام كان «قاسم أمين» يرصد هذه المشكلة بوضوح شديد في قوله: «يقضي أولادنا الآن أوقاتهم في تعلم القراءة والكتابة واللغات الأجنبية ومطالعة العلوم سنين، ثم ينتقلون إلى علوم أخرى أعلى وأرفع من تلك، فإذا انتهت مدة الدراسة، ودخلوا في ميدان الحياة العمومية انتظرنا منهم أن يكونوا بيننا رجالاً ذوي إحساس شريف، وعواطف كريمة، وأخلاق حسنة، وهمم عالية.. رجالاً يشعرون ويعملون.. ولكن واأسفاه!! نرى آمالنا خائبة، نرى لهؤلاء الشبان المتعلمين قلوبًا يابسةً وهممًا صغيرة وعزائم ضئيلة، أما العواطف فهي بالتقريب فيهم معدومة، فلا يروق لأعينهم منظر جميل، كما لا ينفرهم مشهد قبيح، ولا يعطفهم حنو، ولا تبكيهم مرحمة، ولا يحترمون كبيرًا، ولا يستصغرون صغيرًا، ولا تحركهم منفعة إلى عمل مهما عظم نفعه.. وليس لذلك من سبب سوى أن التربية لم تتناول وجدانهم، هذا الوجدان الذي هو المحرك الوحيد للعمل لا يظهر ولا يقويه ولا ينميه إلا التربية البيئية، ولا عامل لها في البيت إلا الأم، فهي التي تلقن ولدها احترام الدين والوطن والفضائل، وتغرس في نفسه الأخلاق الجميلة، وتنفث فيها روح العواطف الكريمة» (قاسم أمين - 1900م عن كتاب «المرأة الجديدة» - إصدار مؤسسة أخبار اليوم - العدد 302 ديسمبر 1989م).

ويواصل قوله حول ضعف التربية الوجدانية لدى المصريين، وأثرها في السلوك:

«وإنما السبب الحقيقي لفقد الشعور إلى هذا الحدِّ هو إهمال تربية العواطف عندنا في زمن الطفولة، وتبع ذلك أن أعصابنا أصبحت لا تتأثر إلا

بالإحساسات المادية التي تقع عليها مباشرة، وصارت غير قابلة للتأثر بالمعاني النفسية.. فانحطاط المصري إنما هو ناشئ من حرمانه من هذه التربية الأولى، ينمو الطفل بيننا كما ينمو النبات، ولا يهتم أحد من أهله إلا بإعطائه التغذية والملبس؛ فهم يعتنون به كما يعتني أي إنسان بحيوان يحبه، فكل بناء يقام بعد ذلك على هذا الأساس هو بناء على الرمل لا يلبث أن ينهار مهدومًا.. وبالجملة، إنَّ التربية تنقسم إلى قسمين: تربية العقل: وهي التي توجه مدارك الإنسان إلى اكتشاف حقائق العلم، وتربية الروح: وهي التي توجه إرادته إلى الخير، وتميل بإحساسه إلى الجميل، وكلتاهما لازمتان لسعادة الإنسان» (قاسم أمين - المصدر السابق).

ومن العجب أن يقال هذا الكلام منذ أكثر من مائة عام، وتظلُّ المشكلة قائمة، بل تزداد حدة مع الوقت، ويزداد تدهور العملية التربوية والعملية التعليمية في المدارس.. ومن العجب أكثر أن يسبق قاسم أمين دانيال جولمان صاحب فكرة الذكاء الوجداني، فما قاله جولمان ليس إلا تفصيلاً لما قاله قاسم أمين عن أهمية الجوانب الوجدانية في النجاح والتفوق والتميز.

ومن قبل قاسم أمين ودانيال جولمان، نقرأ في القرآن قوله تعالى ممتدحًا رسوله الكريم صلى الله عليه وسلم: "فَبِمَا رَحْمَةٍ مِّنَ اللهِ لِنتَ لَهُمْ وَلَوْ كُنتَ فَظًّا غَلِيظَ الْقَلْبِ لَانْفَضُّوا مِنْ حَوْلِكَ فَاعْفُ عَنْهُمْ وَاسْتَغْفِرْ لَهُمْ وَشَاوِرْهُمْ فِي الْأَمْرِ فَإِذَا عَزَمْتَ فَتَوَكَّلْ عَلَى اللهِ إِنَّ اللهَ يُحِبُّ الْمُتَوَكِّلِينَ" [آل عمران: 159].

فالآية الكريمة تمتدح أخلاق الرحمة واللين والعفو والشورى في الرسول الكريم صلى الله عليه وسلم، وتضع قاعدة تربوية هامة، وهي أن الناس تلتف حول كل رحيم لين عفو، يحترم آراء الآخرين، وتنفر من كل فظ غليظ.

وهذه القاعدة التربوية توضح وتؤكد أهمية الجانب الوجداني في العملية التربوية، وتفسر لنا لماذا ينفض أبناؤنا عنا، وينفرون منا؟ ولماذا يرفضون

النموذج التربوي الذي نقدِّمه لهم (أو نفرضه عليهم)؟ لأننا نقدِّمه لهم جافًا خشنًا غليظًا، ثقيل على القلب... خالٍ من نسمة الوجدانات والعواطف الرقيقة، وبالتالي تقترن لديهم المبادئ التي ندعو لها بمشاعر جافة خشنة، فينفرون منها إلى غيرها، بل ربما تتراكم في نفوسهم مشاعر العدوان نحونا بسبب إصرارنا على قبولهم لما نقدِّمه لهم، فيخرجون عدوانهم هذا في صورة رفض لنا، وعناد ضدنا، خاصةً وأن لديهم رغبة داخلية في مخالفتنا ككبار بهدف إثبات تميزهم واستقلالهم.

فالأب الذي يأخذ دور المدرس أو الواعظ طوال الوقت، فلا يرى ابنه أو ابنته إلا وينهال عليه بالإرشادات والتوجيهات، ولا يرى منه أبناؤه غير الانتقاد والتقريع، ذلك الأب خليق بأن يخالفه أبناؤه، ويتمردون على ما يدعوهم إليه، وهذا النموذج نسمِّيه «الأب الناقد»، وهو مستفز لعدوان أبنائه نحوه ونحو مبادئه، مهما كانت تلك المبادئ صحيحة، وهو بطريقته هذه يدفع أبناءه قسرًا إلى أن يتجهوا إلى الجانب الآخر المعاكس له تمامًا حتى ولو كان فيه هلاكهم.

أما «الأب الراعي»؛ فهو الذي يقدِّم لأبنائه المحبة والرعاية، ويقدِّم معها نموذجه التربوي تزينه المشاعر الرقيقة المحبة الحانية، فيجد الأبناء أنفسهم في حالة انسجام وتعاطف مع هذا النموذج التربوي، ويحدث تفاعل إيجابي بين الطرفين، يسمو بهما نحو آفاق أعلى، فمثلاً الأب الذي يحرص على الخروج للمتنزهات بصحبة أسرته، واللعب معهم، وملاطفتهم، وممازحتهم، ومشاركتهم اهتماماتهم وهمومهم، يكون حريًا بالقبول، وجديرًا بالطاعة الحقيقية..

وهذا النموذج من الأبوة الراعية لا يساعد فقط على قبول الأبناء لطاعة الآباء، بل يساعدهم على طاعة الله حيث ترتبط لديهم السلطة الأعلى دائمًا بالرعاية والحبِّ، عكس الأبناء الذين يعانون من «الأبوة الناقدة»؛ فهم يكونون في حالة اشتباك دائمة مع أي سلطة أعلى، ولذلك تكون علاقتهم بربهم أيضًا

في حالة اضطراب، ولقد رأينا ذلك في بعض حالات الوسواس القهري التي تعاني من وساوس ملحة على الشخص بأن يسب اللـه تعالى، والشخص يتألم لذلك ويقاومه بكلِّ ما يستطيع، ولكن الفكرة تعاود إلحالحها بلا توقف، والمريض لا يجد سببًا واحدًا يجعله يسب ربه، بل على العكس نجده يداوم على الطاعات، ويعرف فضل اللـه في كلِّ شيءٍ.. مثل هؤلاء المرضى عندما دخلوا في العلاج النفسي العميق تبيَّن أن نسبة كبيرة منهم لديهم مشكلات نفسية مع أبنائهم، وأن هذا السبب وهذا العدوان كان موجهًا أساسًا نحو الأب منذ الصغر، وبما أن الأب كان يمثل في مرحلة ما من العمر كل شيء بالنسبة للطفل، أي السلطة العليا، لذلك اتجه السب إلى تلك السلطة العليا التي تداخلت مع مفهوم الرب والإله في مرحلة ما من العمر، وأصبح هذا الشخص يحمل عدوانًا نحو أي سلطة عليا، ولا يستطيع التعبير عن هذا العدوان صراحةً؛ فيلجأ إلى إزاحته إلى رمز لتلك السلطة، وبما أن هذا الموقف العدواني له جذور عميقة في النفس، لذلك يظلُّ يلح في صورة أفكار ودفعات وسواسية.

وهذا الموقف المرضي نجده بدرجات أخرى أقل لدى الأبناء الذين يتسمون بالعناد والجدال، ومخالفة كل أوامر وتوجيهات آبائهم أو مدرسيهم أو أي رمز للسلطة في حياتهم، وبذلك نجدهم في حالة نزاع دائم مع من حولهم، ويضطرب تكيفهم، وتضطرب حياتهم، ويظنُّ البعض أن الأمر يحتاج إلى مزيد من التوجيهات والإرشادات، فيكتشف أن ذلك يؤدي إلى مزيد من العناد والتمرد.

والحلُّ في مثل هذه الظروف هو مراعاة الجانب الوجداني في العملية التربوية، وذلك بأن نكفَّ عن مخاطبة العقل لبعض الوقت، ونطرق باب العاطفة، فنقترب من الابن في حنانٍ وحبٍّ، ونعطيه الرعاية المتقبلة المتسامحة أولاً، فيشعر إننا نحبه ونتقبله، ونواصل ذلك الطريق حتى يصل إلى الدرجة التي

يستطيع فيها أن يحبَّ المربي، وتلك هي النقطة التي يستطيع فيها قبول نموذجه التربوي في سلاسة ويسر.

وقياسًا على هذه العلاقة الفردية بين الابن والأب نستطيع أن ننقل نفس المفاهيم إلى علاقات أوسع، فمثلاً في المدارس مطلوب أن تتم العملية التعليمية والتربوية في إطار من المشاعر الإيجابية، والجو المعطر بالوجدانات الندية، وأن تصبح المدرسة مكانًا محبوبًا، يجد الطالب فيه نفسه من خلال مدرس يتقبله ويقدِّره ويحبه، ومن خلال مسابقات رياضية وثقافية يحقق فيها ذاته، ومن خلال مناهج يقدر على استيعابها، دون رهق ومشقة، ومن خلال عدالة في التقييم نحميه من تراكم مشاعر الظلم والحنق.

ونفس النموذج ينتقل إلى المؤسسات الاقتصادية والاجتماعية والسياسية حيث يعطي الجانب الوجداني أهمية خاصةً في العلاقات، ويتحاشى المربي (القائد أو المدير أو المسئول) أن يكون فظًا أو غليظ القلب حتى لا ينفض الناس من حوله.

* * *

أخطاء تربوية شائعة

أحيانًا يقع الوالدان في بعض الأخطاء بقصد أو بدون قصد، وهذه الأخطاء يكـون لهـا أثـر بعيد المدى على حياة الابن (أو البنت)، وعلى صحته النفسية.

نذكر من هذه الأخطاء ما يلي:

1- تربية ردِّ الفعل:

ونضرب لذلك بعض الأمثلة:

🗨 رجل عاني من قسوة أبيه وشدته، فيعمد إلى استخدام أسلوب معاكس تمامًا مع أبنائه، فيميل إلى اللين (المطلق) والتسامح (المطلق)، فيترك العنـان لأبنائـه يفعلـون مـا يريـدون دون محاسبة أو مراقبة من أي نوع، فينشأ الأبناء بلا ضوابط، وهـذا يجعلهـم في حالـة مـن الـضياع والحيرة والترهل النفسي، مثلهم كمن يمشي في طريق بلا علامات ولا حواجز ترشده.

🗨 امرأة عانت من صرامة أمها، وشدة مراقبتها لتصرفاتها، ووضع الـحواجز الكثيرة أمـام كل تحركاتها، لذلك تعمد إلى أسلوب معاكس تمامًا في تربيـة أبنائهـا وبناتهـا؛ فتميـل إلى إعطـاء بناتها (بصفة خاصة) الحرية المطلقة، يفعلن ما يردن دون وضع أي ضوابط من أي نوع، فتنـشأ البنت، وهي أشبه بسيارة بلا كابح (فرامل).

🗨 رجل عاني من بخل أبيه وتقصيره، فنجده يميل إلى تربية أبنائه على الإسراف الـشديد، فيعطيهم كلَّ ما يطلبون، فينشأ الأبناء في حالة شراهة استهلاكية، ولا يحتملون تأجيـل أي رغبـة أو احتياج؛ لأنهم تعوَّدوا على الإشباع الزائد والسريع.

والمشكلة في تربية ردِّ الفعل أنها تجنح إلى الغلو دائمًا (ناحية اليمين أو ناحية اليسار)، وتنسى الوسطية والاعتدال.

2- تربية القضبان الحديدية:

وفي هذه الحالة يرسم الأب (أو الأم) خطًّا محددًا لتربية الابن (أو البنت)، يكون أشبه بقضيب السكة الحديد، ويتصور أن الابن هو قطار سكة حديد يجب أن يمشي على هذا القضيب، وفي هذا المسار بلا اختيار أو خروج عن هذا المسار (ولو قليل)، وهذه الطريقة - على الرغم من إصرار كثير من الآباء والأمهات عليها - إلا أنها تتنافى مع طبيعة الإنسان الذي أعطاه الله الإرادة، وأعطاه حقَّ الاختيار (حتى في أن يعصاه)، والإنسان - أي إنسان - جاء إلى هذا الكون ليحدث حركة جديدة، وينشئ موقفًا مدعمًا أو مغايرًا لحركة الوالدين، وبهذا تتجدد الحياة وتنمو وتتطور، ولا يمكن أبدًا أن يحدث هذا لو تصورنا أن الأبناء ما هم إلا نسخًا (أو استنساخًا) من الوالدين.

إذن فهذه الطريقة في التربية - حتى لو نجحت - فإنها تعطي صورًا مكررة باهتة للجيل السابق، وهذا يوقف نمو الحياة وتطورها، وإذا أصر أحد الوالدين على هذه الطريقة في التربية؛ فإن النتيجة تكون أحد الاحتمالات التالية:

أ- أن يتخلى الابن عن إرادته واختياره، ويسلِّم قياده لأبيه (أو لأمه)، ويصبح شديد الاعتماد عليه (أو عليها) في كلِّ شيء، ويفقد القدرة على المبادرة والإبداع، ولا يفعل إلا ما يقوله الأب (أو الأم)، ويعجز عن مواجهة المواقف المتغيرة في الحياة.

ب- أن يتمرد الابن على الأسرة، ويأخذ الخطَّ المعاكس تمامًا لما تريده، ويصبح عنيدًا مشاكسًا، ويحاول إثبات ذاته من خلال نفي خيارات أبيه أو أمه مهما كلَّفه ذلك من عناء ومشكلات.

ج- أن يضطرب الابن فيصبح مترددًا بين خيارات الأب وخياراتـه الشخصية، ويقـف حـائرًا بينهما، فيقرر في النهاية أن يتوقف عن الحركة تمامًا، ولا يفعل أي شيء؛ لأنه غـير راضٍ عن خيارات أبيه له، وخائف في نفس الوقت من خياراتـه الشخصية.

3- تربية التعويض:

ونعطي لذلك بعض الأمثلة:

🗨 عجز الأب عن أن يحقق حلمه في التفوق الـدراسي، ويصبح طبيبًا، لـذلك نجده يصرُّ علـى أن يحقـق ابنـه هـذا الحلـم، فيلزمـه بسـاعات طويلـة في المذاكرة، ويحضر لـه المدرسـين؛ ليحشـروا العلـوم في مخه بكـلِّ الوسـائل الممكنة، ويعدونـه لكي يكون «كائنًا امتحانيًّا» لا يفعل شيئًا إلا الحصول على الدرجات اللازمة لتحقيق الحلم (حلم أبيـه، وليس حلمه هو)، وعلى الرغم من كلِّ هذه الجهود والمحاولات يفشل الابن دراسيًّا؛ لأنه لا يجد نفسه في هذا الطريق، وحتى لو حدث واستطاع الحصول على المجمـوع الـذي يريـده الأب، فإنه يكون قد فقد قدرته على التعامل مع متغيرات الحيـاة، فهو غالبًا يعجـز عـن التفكير والابتكار، وتحمل المواقف الصعبة، ويعجـز عـن الاعتماد عـلى نفسه في أي شيء؛ لأنه قد تحول بفعل فاعل من «كائن إنساني» إلى «كائن امتحاني».

🗨 تزوَّجت الأم من رجل فقير، فعانـت مـرارة الفقـر والاحتيـاج، لـذلك تـزرع في أبنائهـا وبناتها حلم الغنى والامتلاك، وترفع لديهم من قيمة المال، وتجعله فوق كل شيء، وتتحـدد كـل خياراتها لهم على هذا الأساس، وحتى عند زواج أحـد بناتها؛ فهي تختار لها الزوج الغني، وتنـسى في سبيل ذلك كل الاعتبارات الأخرى.

4- تربية الحماية الخانقة:

حين تعاني الأم (وأحيانًا الأب) من الشعور بعدم الأمان؛ فإنها تسقط ذلك على أسلوب تربيتها لأطفالها، فتكون شديدة الخوف عليهم من كلِّ شيء، فلا تستطيع أن تترك الطفل يلعب أو يخرج من باب المنزل أو يختلط بأطفال آخرين، وهي دائمًا تجد المبررات لذلك، فتدَّعي أن السيارات تمر بسرعة أمام المنزل، وأن أطفال الجيران يتفوهون بألفاظ قبيحة، وأن الطفل لا يستطيع حماية نفسه من أي خطر... إلخ.

وحتى حين يصبح هذا الابن مراهقًا؛ فإنها لا تسمح له بالخروج إلا للضرورة القصوى، وإذا خرج للمدرسة تتابعه بنظراتها من الشباك حتى يغيب، وإذا خرج مع أصدقائه تجلس في انتظاره، وهي في حالة قلق شديد.. وهذه الأم لديها إحساس دائم بأن طفلها ضعيف جسديًا، ونحيل الجسم (رغم أنه يكون في حالة سمنة في بعض الأحيان)، وأن وجهه شاحبًا (رغم أنه يكون متوردًا في الحقيقة).

وهذه الصورة السلبية تنتقل من الأم إلى الابن، فيعتقد دائمًا أنه ضعيف البنية، وأنه غير قادر على مواجهة الأخطار؛ فيستسلم للأم، ويجلس بجوارها مهزومًا ضعيفًا، أو أن يحدث الاحتمال الآخر، وهو أن يتمرد على هذا الحنان الخانق، ويخرج من نطاق الأم، ويصبح مشاكسًا عنيدًا، ويهرب من البيت، ويفعل كلَّ الأشياء التي تخاف منها الأم.

وهذه الحماية الخانقة تكثر في الأم القلقة المحيطة الخائفة، وتزداد في حالة الابن الوحيد أو الابنة الوحيدة، وتزداد أكثر إذا كان الأب متوفيًا أو غائبًا.

* * *

نماذج مرضية في الأسرة

نورد فيما يلي بعض النماذج لتركيبات وديناميات مرضية في الأسرة تؤدي في أغلب الأحيان إلى اضطرابات نفسية لدى الأطفال.

1- الأسرة المتسلطة:

هذه الأسرة تلغي تمامًا إرادة الطفل واختياره بكلِّ وسائل القهر، وهي تعتقد خطأً أن هـذه هـي أفضل طريقـة للتربيـة حيـث تحاول تشكيل الطفل طبقًا لنموذج جاهز في ذهنها، وهـذه الأسرة لا تحتمـل أي خروج، ولو بسيط من جانب الطفل عن الإطار المرسوم مسبقًا، وقد تنجح هذه الأسرة – في الأمد القصير – في السيطرة علـى إرادة الطفل، إلا أن هذا لا يستمر كثيرًا حيث يأتي الوقت الذي يثور فيه الطفل أو المراهق، فينقلب على هذه السيطرة، وتفاجأ الأسرة بأحـد الاحتمالات التالية.

أ- ثورة عارمة من الطفل (أحيانًا) أو مـن المراهـق (غالبًا) حيـث يحاول أن يسترد سيطرته وإرادته، ليـس هـذا فقـط بـل إنـه يحاول أن يسيطر هو على أمه أو أبيه بكلِّ الطرق الممكنـة، وهذا الابن يمكن أن يصبح مدمنًا أو يسلك سلوكيات منحرفة أخـرى لا لـشيء إلا ليـشعر أنـه أصبح يمتلـك القـدرة علـى «تدويخ» أبيه وأمه.

ب- عدوان سلبي (مكايدة) حيث لا تظهر الميول العدوانية بشكل واضح، وإنما تظهـر في صورة موقف سلبي معاند يهدف به أن يغيظ أبويه.

ج- انسحاب مرضي، حيث يقرر الطفل أو المراهق التسليم لإرادة أبيه أو أمه المسيطرة، ويتخلى عن إرادته واختياره، وينسحب من الحياة وينطوي على نفسه، ولا يفعل أي شيء.

2- الأسرة المتسيبة:

يفقد الطفل في هذه الأسرة الضوابط والحدود، وتكون حدود المسموح والممنوع غير واضحة، ويضعف فيها قانون الثواب والعقاب، ومن هنا تكون شخصية الطفل منفلتة، وعاجزة عن الالتزام بأي نظام قيمي أو أخلاقي أو اجتماعي، ويبدو الطفل مدللاً باحثًا عن اللذة دون الوضع في الاعتبار لأي ضوابط من أي نوع، وعندما يكبر هذا الطفل؛ فإنه يقع في مشكلات كثيرة في مجال الدراسة والعمل والعلاقات الاجتماعية بسبب عدم قدرته على الالتزام.

3- الأم المستبدة القاسية والأب الضعيف المستسلم:

هنا تنقلب الأدوار فتحتل الأم دور الأب، ويأوي الأب إلى دور الأم، وبذلك ينعكس نموذج الأب ونموذج الأم في ذهن الطفل، ويسبب له حيرة وارتباك حول ما يراه في المنزل، وما يراه في المجتمع، ويضطر في هذه الحالة أن يتحيز إلى أحد الطرفين تعاطفًا أو خوفًا.

4- الأب المستبد القاسي والأم الضعيفة المنسحبة:

في هذه الحالة يسود البيت جو من الفزع في حالة وجود الأب، ويصمت الجميع بما فيهم الأم، ولكن ما أن يغيب الأب (لعمل أو لسفر)، حتى يفعل كل فرد في الأسرة أشياء ضد رغبة الأب، أي أن هناك دائمًا حركة تمرد خفية تنتظر

اللحظة المواتية للانقضاض.

5- أبوان مستبدان قاسيان:

هذا الوضع غير شائع كثيرًا، وإذا وجد فإنَّ الأطفال يكونون بين المطرقة والسندان، فإما أن يستسلموا تمامًا لإرادة الأبوين، ويتخلوا عن إرادتهم، وعن حريتهم، وعن رأيهم، وإما أن يتوحدوا مع الأبوين القاسيين، ويصبحوا أشد منهم قسوة.

6- أبوان ضعيفان متساهلان:

هذا الوضع أيضًا غير شائع، ولكنه لو وجد؛ فإنَّ النتيجة هي أطفال بلا ضوابط، وبيت متميع تضيع فيه الثوابت والحدود، وينشأ الأطفال بإرادة ضعيفة مترهلة، ويعجزوا عن التكيف مع الضوابط الاجتماعية السائدة.

7- غياب الأب (فعلاً أو مجازًا):

إنَّ الأب يؤدي دور النموذج الذكري (الرجل) في الأسرة، وهو رمز القيم والضوابط لبقية أفراد الأسرة، فإنْ غاب الأب عن المنزل بسبب السفر لفترات طويلة أو العمل لساعات طويلة، فإنَّ نموذج «الرجل» «الأب» يغيب عن الأسرة، فيفقد الأبناء قيمة تقليد وتقمص هذا النموذج، ويفقدون أهم مصدر للقيم والضوابط في البيت، ولو لم يكن هناك من يملأ هذا الفراغ (كالأم أو المدرس أو بعض الشخصيات الأخرى)، فإنَّ الطفل ينشأ غير قادر على الالتزام بأي ميزان قيمي أو أي قانون أسري أو اجتماعي، وهذا الوضع ربما يدفع بالطفل إلى مجالات الانحراف السلوكي كالإدمان والسرقة... إلخ.

8- اختلاف وجهة نظر الأم مع الأب (أو العكس) حول طريقة التربية:

وربما يقول قائل: إن اختلاف وجهات النظر يعتبر سمة من سمات البشر، وهذا صحيح، ولكننا نقصد باختلاف وجهات النظر هنا أن يدوم هذا

الاختلاف، ولا يصل الطرفان أبدًا إلى نقاط التقاء أو اتفاق، بل يصل الأمر إلى توقف الحوار بينهما يأسًا من الوصول إلى نتيجة، وفي هذه الحالة تتبنى الأم أسلوبًا معينًا في التربية لا يوافق عيه الأب (أو العكس)، ويميل كل منهما إلى إثبات أن الطرف الآخر مخطئ في طريقته للتربية حتى ولو كان ذلك على حساب الأطفال، وأذكر هنا قصة أم كانت تسهِّل لابنها الوحيد الاندفاع نحو الإدمان لكي تثبت لنفسها وللآخرين أن أبوه «العنيد» قد فشل في تربيته.

وهذه المشكلة يمكن حلها بالحوار المستمر (دون يأس) بين الطرفين، وأن يدخل كل منهما الحوار، ولديه الاستعداد لقبول الرأي الآخر، وأن يتخلى كل منهما عن عناده وغطرسته وتعاليه، وإذا عجز الطرفان عن إقامة هذا الحوار فيمكنهما اللجوء إلى معالج نفسي يساعدهما على التدريب على وسائل صحية في التواصل والحوار، حتى لا يدفع الأبناء الثمن بسبب الفجوة بين الوالدين.

9- انفصال الأب عن الأم (فعلاً أو مجازًا):

قد ينفصل الأبوين بالطلاق، ويعيش كل منهما حياته بأسلوب يختلف كلية عن الآخر، وهنا يجد الأطفال صعوبة في الانتماء إليهما معًا، فيحدث استقطاب ناحية الأب أو الأم، بل وربما يغذي أحد الطرفين هذا الاستقطاب، فتحاول الأم مثلاً زرع كراهية الأب في نفوس أبنائها حتى يظلوا في أحضانها (أو العكس)، وهنا يهتز نموذج أحد الأبوين، ويحدث توحد مع الآخر، ويصاحب ذلك اضطراب شديد للتكوين النفسي، وربما يؤدي ذلك إلى تراكم شحنة هائلة من الغضب نحو الأبوين اللذين وضعا الطفل في هذا الصراع، ويمكن أن تتسع دائرة الغضب إلى المجتمع الأوسع الذي لم يستطع أن يحلَّ هذا الصراع القائم بين الأبوين، وهذا الغضب ربما يتحول إلى اضطرابات سلوكية معادية للمجتمع كالعنف والسرقة والاغتصاب والقتل... إلخ.

10- اضطراب الصحة النفسية لدى أحد الوالدين أو كليهما:

في هذه الحالة يتأثر الطفل من طريقين: الطريق الأول هو الصبغيات الوراثية التـي تنتقـل إليه من أحد الأبوين أو كليهما فتهيِّئه للمرض النفسي، والطريق الثاني هو نمط الحياة المضطرب في المنزل نتيجة اضطراب سلوك أحد الأبوين أو كليهما، مما يجعل الجـو الأسري غـير آمـن وغـير مستقر، فيبعث ذلك في الطفل الإحساس الدائم بالخوف وعـدم الأمـان، إضـافةً إلى مـا يتعلمـه الطفل من طرق سلوكية غير صحيحة من الأب المريض أو الأم المريضة.

* * *

سيكولوجية التبني
الكفالة .. الأسرة البديلة

في الأحوال العادية يستقبل الطفل المولود بفرحة، وتضاء له الشموع، ويحاط بالرعاية في حضن أمه وفي كنف أبيه، ويكبر في جو من الحبِّ والقبول، ويشعر بالانتماء لأسرته وعائلته، ويفخر بذلك الانتماء، وتحدد عليه هويته.

ولكن للأسف في حالات أخرى يستقبل الطفل بالاشمئزاز والنفور، ويتم التخلص منه فور ولادته بوضعه على أحد الأرصفة أو بجوار سلة مهملات أو على باب أحد دور العبادة، ويترك لعدة ساعات أو أيام بدون غذاء أو رعاية في ظروف جوية قاسية حتى يعثر عليه أحد، فيبدأ مشوار العناء حيث تتناقله آيادٍ كثيرة من الشخص الذي عثر عليه إلى قسم الشرطة إلى دار الرعاية إلى المرضعة ثم إلى دار الرعاية ثم إلى أحد الأسر.. وهكذا لا يذوق هذا الطفل المسكين طعم الاستقرار أو الراحة أو الأمان، وهو يدفع ثمن خطيئة أبويه بلا ذنب جناه.

وفي أحيان أخرى يموت الأبوين أو أحدهما، فيجد الطفل الضعيف نفسه بلا رعاية ولا مأوى، فيواجه نفس مصير الطفل اللقيط، ولكن في هذه المرة بسبب الموت أو الفقر الذي لحق بالأبوين.

ولدراسة هذا الموضوع من الجانب النفسي يحسن بنا استعراض بعض التعريفات والأحكام الخاصة بهذا الموضوع:

اللَّقيط: هو الطفل غير البالغ الذي يوجد في الشارع أو ضال الطريق، ولا يعرف نسبه.

حكم التقاطه: والتقاطه فرض من فروض الكفاية، كغيره من كلِّ شيء ضائع لا كافل له؛ لأن في تركه ضياعه.

مَن الأولى باللقيط؟ والذي يجده هو الأولى بحضانته إذا كان حرًّا عدلاً أمينًا رشيدًا، وعليه أن يقوم بتربيته وتعلِّيمه.

النفقة عليه: وينفق عليه من ماله إنْ وجد معه مال، فإنْ لم يوجد مال، فنفقته من بيت المال، فإنْ لم يتيسر فعلى من علم بحاله أن ينفق عليه.

ميراث اللقيط: وإذا مات اللقيط وترك ميراثًا، ولم يخلف وارثًا كان ميراثه لبيت المال، وكذلك ديته تكون لبيت المال إذا قتل، وليس لملتقطه حق ميراثه.

إدعاء نسبه: ومن ادَّعى نسبه من ذكر أو أنثى ألحق به متى كان وجوده منه ممكنًا، لما فيه من مصلحة اللقيط دون ضرر يلحق بغيره، وحينئذ يثبت نسبه وإرثه لدعيه (سابق 1987م).

التبني: هو العملية التي توكل فيها رعاية الطفل على واحد أو أكثر من الراشدين، كي يعيش في أسرة بديلة ليست هي أسرته البيولوجية، ولكنها أسرته بموجب القانون حيث يتم نسبه قانونًا إلى هذه الأسرة، ولا يجوز أن ينسب الطفل لأحد إذا كان نسبه معلومًا من قبل تطبيقًا لقول الله ﷻ في الآية الخامسة من سورة الأحزاب: "ادْعُوهُمْ لِآبَائِهِمْ هُوَ أَقْسَطُ عِنْدَ اللَّهِ فَإِنْ لَمْ تَعْلَمُوا آبَاءَهُمْ فَإِخْوَانُكُمْ فِي الدِّينِ وَمَوَالِيكُمْ وَلَيْسَ عَلَيْكُمْ جُنَاحٌ فِيمَا أَخْطَأْتُمْ بِهِ وَلَكِنْ مَا تَعَمَّدَتْ قُلُوبُكُمْ وَكَانَ اللَّهُ غَفُورًا رَحِيمًا" [الأحزاب:5].

الأسرة البديلة: هي أسرة لا ينتمي إليها الطفل بيولوجيًا، ولكنه يعيش في كنفها، وربما يحمل اسمها فيكون متبنيًا، أو لا يحمل اسمها فيكون مكفولاً.

وعمليتي التبني والكفالة يتوقع أن تزداد بشكل مطرد في العقود القادمة نظرًا للتغيرات الاجتماعية والأخلاقية الحالية والمتوقعة، والتي أدت إلى ضعف نسبي في الروابط الأسرية، وزيادة معدلات الطلاق والعلاقات غير الشرعية.

متى نخبر الطفل بحقيقة نسبه؟

والإجابة تتوقف على عوامل كثيرة، ولكلٍّ حالة السيناريو المناسب لها، ولكن الخبرة أثبتت أنه من الأفضل إخبار الطفل فيما بين الثانية والرابعة من عمره بشكل بسيط متدرج يستوعبه عقله الصغير، فيقال له: إن أبوه وأمه قد ذهبا بعيدًا، وأن مَنْ يقومان على رعايته الآن يحبانه مثل أبويه تمامًا، ولن يتخليا عنه أبدًا، وذلك حتى لا يعلم الطفل بحقيقة نسبه من خارج الأسرة، فيشعر عندئذ أن أسرته بالتبني قد أخفوا عنه الحقيقة، وأن أسرته الأصلية قد نبذته. (Kaplan, Sadock and Grebb,1994).

وبعض الأُسر تؤجِّل ذلك حتى سن السابعة أو الثامنة حتى يستطيع الطفل استيعاب الموقف بشكل أفضل، وبعض الأسر تؤجِّل ذلك حتى يكبر الطفل، ويصل إلى مرحلة الشباب، ويصبح قادرًا على الاستقلال والاعتماد على نفسه، وفي كلِّ الحالات يجب مواجهة الآثار التي تترتب على معرفة الشخص بحقيقة نسبه ودعمه نفسيًا حتى يتجاوز هذه المحنة.

الحالة النفسية للأطفال المتبنيين (أو المكفولين):

هؤلاء الأطفال تزيد بينهم الاضطرابات الانفعالية مقارنة بأقرانهم، مثل السلوك العدواني والسرقة، وصعوبات التعلم، ووجد أنه كلما كان التبني في سن متأخرة، كلما كانت هذه الاضطرابات أكثر احتمالاً، وأكثر شدة، وهذه الاضطرابات لها جانب وراثي وجانب مكتسب.

أما الجانب الوراثي فيعود إلى النشأة البيولوجية لهذا الطفل، فقد وجد أن

النساء اللاتي يحملن سفاحًا يكن أقل ذكاءً على وجه العموم حيث يتراوح ذكاءهن من 83 إلى 96، وهن طبقات دنيا في الأغلب، ويرتبط الحمل سفاحًا بسمات مرضية في شخصية المرأة يمكن أن يرثها الابن أو البنت (الحنفي، 1992).

أما الجانب المكتسب فيتمثل في حالة القلق والاكتئاب التي تعتري الأم منذ بداية حملها بهذا الجنين غير الشرعي، وتترجم هذه الاضطرابات النفسية في صورة تغيرات كيميائية تؤثر في نمو الطفل وحالته الوجدانية، وربما تكون هناك محاولات إجهاض متكررة، وإذا لم تنجح هذه المحاولات ووصل الجنين إلى مرحلة الولادة؛ فإنه لا يستقبل بالفرحة ولا تضاء له الشموع وينعم بالدفء، بل يتم التخلص منه بإلقائه في الشارع، كلُّ هذا لا بدَّ وأن يترك بصماته في شخصية هذا الطفل فيما بعد، يضاف إلى ذلك عدم وجود رعاية عاطفية تلبي احتياجات هذا الطفل، وتعرضه للإهمال والنبذ في بقية مراحل طفولته.

وإذا تربَّى في دار الرعاية؛ فإنه يفتقد جو الأسرة الحاني، ويفتقد الهوية الأسرية، والانتماء لأب وأم وعائلة، ويعاني من الوصمة الاجتماعية بوصفه لقيطًا أو منبوذًا من أسرته الأصلية لأسباب أخلاقية أو مادية.

مزايا وعيوب الأسرة البديلة:

وإذا حدث وتمَّ إلحاق هذا الطفل بأسرة سواء كان ذلك بالتبني أو الكفالة؛ فإنَّه يحصل على ميزة تربيته في جو أسري، يشعر فيه بالحبِّ والانتماء.

والاتجاه الحديث الآن هو إلحاق هؤلاء الأطفال بأسر بديلة على أن تتكفل المؤسسات الاجتماعية بالإنفاق عليهم، وهذا يشجِّع الأسرة على تقبلهم، ويتم ذلك بناءً على عقد بين دار الرعاية والأسرة، وذلك بعد دراسة أحوال الأسرة، والاطمئنان على سلامتها من الناحية الاجتماعية والأخلاقية، وذلك بواسطة

الأخصائيين الاجتماعيين والنفسيين، وقد نجحت هذه التجربة في بعض الدول المتقدمة حتى وصلت إلى توفير أسر بديلة لـ 90% من الأطفال المقيمين في دور الرعاية، وقد حول جزء كبير من ميزانيات دور الرعاية إلى الإنفاق على هذه الأسر البديلة. (Carson, Butcher & Coleman, 1998).

وهناك عدة احتمالات وراء قبول الأسر لتبني أو كفالة هؤلاء الأطفال نذكر منها:

1- الاستفادة المادية من العون الذي تقدِّمه المؤسسات الاجتماعية لهم مقابل كفالتهم للطفل.

2- حل مشكلة العقم في الأسرة باستحضار طفل يرضي دوافع الأمومة والأبوة داخل الأسرة، وفي هذه الحالة يستخدم الطفل لحلِّ مشكلة الأسرة، وليس العكس.

3- الشفقة والرحمة تجاه هذا الطفل، وعدم انتظار أي مكافأة دنيوية.

وفي كلِّ الحالات ربما يعاني الطفل مشكلات تربوية في أسرته البديلة يمكن إجمالها كالتالي:

1- التدليل: وخاصةً إذا كانت الأسرة قد عانت لفترة طويلة الحرمان من طفل بسبب العقم، فيحتمل أن يحوطوا هذا الطفل القادم بالتدليل وتحقيق كل رغباته، فينشأ أنانيًا كثير المطالب، غير قادر على تحمل المسئولية.

2- الحماية الزائدة: وخاصةً إذا كانت الأم البديلة لديها سمات عصابية تجعلها شديدة الحرص وشديدة الخوف عليه، فتحوطه في كلِّ حركاته وسكناته، فينشأ اعتماديًا خائفًا، أو يتمرد بعد ذلك على تلك الحماية، وخاصةً في فترة المراهقة، فيصبح عدوانيًا ثائرًا.

3- الإهمال: وهذا يحدث في حالة الأسرة التي تكفل الطفل مقابل مكافأة

مادية، فغالبًا لا يكون لـديهم عطـاء عـاطفي لهـذا الطفـل، وهـذا الإهـمال يجعلـه ينـشأ منطويًا حزينًا فاقدًا للثقة بنفسه وبالناس.

4- النبذ: وهو يحدث شعوريًا أو لاشعوريًا نتيجة الوصـمة الاجتماعيـة التـي يحملهـا هـذا الطفل لكونه لقيطًا أو منبوذًا من أسرته الأصـلية، وهـذا النبـذ يجعلـه مليئـًا بالغـضب والميـول العدوانية نحو الآخرين.

5- الغيرة: وتحدث غالبًا في فترة المراهقة، فإذا كانت المتبناه بنتًا فربما حدثت غيرة من الأم البديلة تجاهها حيث تخشى حدوث ميل عاطفي أو غيرة بين البنت وبين أبوهـا بـالتبني (فـيلم العذراء والشعر الأبيض)، وإذا كان المتبني ولدًا حدث العكس، وهذه الغيرة ربما لا تظهر بـشكل مباشر، وإنما تظهر في صورة اضطراب في العلاقات، ربما تصل إلى محاولة التخلص من هذه البنت المراهقة (المشكلة)، وأحيانًا يتم الـتخلص منهـا (أو منـه) بـشكل عـدواني، كـما حـدث في حالـة عرضت عليَّ حيث قررت الأم إخبار ابنتها بالكفالة بشكل مفاجئ بأنها لقيطـة، وأنهـا يجـب أن تعود إلى دار الرعاية في هذه المرحلة، وأصرت على ذلك، وقد ألحـق ذلـك إيـذاءً نفـسيًا شـديدًا للبنت حيث فقدت انتماءها الاجتماعي في لحظة، وغـارت الأرض مـن تحـت قـدميها، وفقـدت هويتها، واضطربت كل حساباتها وتوقعاتها من الحياة، وبين يوم وليلة انتقلت من منـزل دافـئ وأسرة محترمـة إلى دار رعايـة بـاردة الأركـان وباهتـة الملامـح، وتحمـل معهـا وصـمة اجتماعيـة وأخلاقية تمنعها من القدرة على الذهاب للجامعة، ولقاء صـديقاتها ومعارفهـا، وهـذا نـوع مـن العدوان وحكم بالإعدام، مارسته الأم بالتبني بدافع الغيرة.

6- التفرقة في التعامل: وإذا كان المتبنى (أو المكفول) يعيش في أسرة بها أطفال آخرون من صلب الأب والأم، فغالبًا ما تحدث تفرقة في المعاملة، تؤدي إلى شعوره بالاختلاف والنبذ والظلـم وعدم الأمان (فيلم الخطايا).

سيكولوجية التعلق:

وهناك نقطة هامة لا بدَّ من مراعاتها في التعامل مع الطفل، وهي ما يعرف بـ «سيكولوجية التعلق» حيث يميل الإنسان إلى التعلق الوجداني بأشخاص معينين يقومون على رعايته، ويميل إلى استمرارية هذا التعلق حتى يستشعر الطمأنينة والأمان، لذلك لا يجب قطع تعلقاته من وقت لآخر وبشكل مفاجئ، وهذا يحدث كثيرًا - للأسف - لهؤلاء الأطفال، حيث تنتقل كفالتهم عدة مرات من الأم الأصلية إلى الشارع ثم إلى قسم الشرطة، ثم إلى دار الرعاية، ثم إلى مرضعة تكفله حتى سن سنتين حتى يتعلق بها كأم، فينتزع من حضانتها، ويلقى به مرة أخرى في دار الرعاية، ثم تأتي أسرة بديلة تأخذه لعدة سنوات، فيتعلق بها ثم يفاجأ بعودته قسرًا مرة أخرى إلى دار الرعاية.. وهكذا، وهذا التقلب يحرم الطفل من التعلق الدائم الذي يمنحه الشعور بالانتماء والأمان.

والطفل المتبنى (أو المكفول) بعد أن يعرف حقيقة تبنيه (أو كفالته) تحدث لديه ازدواجية في الانتماء، يجسدها في خياله بين الأبوين الحقيقيين والأبوين المتبنيين، وأحيانًا يحدث صراع بين هذين الانتماءين، وربما يحل هذا الصراع بتوجيه عدوانه إلى أحد طرفي الصراع، وبما أن الأبوين الأصليين غير متاحين؛ فهو غالبًا يخرج عدوانه نحو الأبوين المتبنيين، وقد رأيت شابًّا ربَّاه شخص غير أبوه، وأحسن معاملته حتى أصبح طبيبًا، ولكنه كان يشعر ناحيته بمشاعر عدائية لا يعرف لها سببًا.

ويظلُّ الطفل المتبنى يحلم برؤية أبويه الأصليين، ويسعى لذلك كثيرًا، وحين يقابلهم أو يقابل أحدهم لا يشعر ناحيتهم بمشاعر قوية، ولكنه يطمئن إلى هويته وأصله، ويجب أن يحتفظ بعلاقة ما تضمن له استمرار ذلك على الرغم من عدم شعوره بالحبِّ لهم.

وهنا يتساءل البعض: هل من الأفضل رعاية الطفل في دار رعاية أم في أسرة بديلة؟

والإجابة على هذا السؤال تضع في الاعتبار الأول مصلحة الطفل وظروفه؛ فدار الرعايـة لا تعطي للطفل الجو الأسري الطبيعي حيث يتجمع عـدد كبير (غالبًا) مـن الأطفـال، يقـوم علـى رعايتهم عدد من المـوظفين، يقومـون بـأدوارهم غالبًـا بـشكل مهنـي، ربمـا يخلـو مـن الجانـب العاطفي.

ومن يزور هذه الدور؛ فسوف يجد أطفالاً خلت عيونهم من بريق الحبِّ والحنـان الـذي حرموا منه، وهم معزولون عن المجتمع طوال الوقت.

وأذكر في أحد الزيارات وجدتُ أن أقصى ما يتمناه هؤلاء الأطفال هو أن يحملهم الزائـرين لكي ينظروا من الشباك، ويشاهدوا النـاس والسيارات والـشوارع، فإلى هـذا الحـدِّ يعـانون مـن الحرمان الحسي والعاطفي، ولا يعوِّض هذا الحرمان زيارة بعض أصحاب القلوب الرحيمـة لهـم، فهم يعيشون في دار الرعاية بلا روح، وحين يزورهم أحد يندفعون نحـوه، وينـادون: «بابـا» لأي رجل، و«ماما» لأي امرأة، دون أن تحمل هذه الكلمات المعنى العميق لها في نفوسهم، كما هـو الحال في الأطفال الـذين يعيشون في كنف أسرهـم يتمتعـون بالحبِّ والتـدليل، والرعايـة مـن أبويهم، وعزلة هؤلاء الأطفال عن المجتمع تجعل لديهم صعوبات في التكيف حين يكبرون.

لذلك تزايدت المطالبة في كلِّ دول العالم بتهيئة رعاية مناسبة من خلال الأسرة البديلة علـى أن يتم ذلك بعناية شديدة، وبعد دراسة أحوال وظروف هذه الأسرة البديلة، واستمرار متابعـة أحوال الطفل داخل هذه الأسر بواسطة المؤسسات الاجتماعية المختصة، حتى لا يتعرض الطفل لظروف غير مواتية.

ونحن في المجتمعات العربية الإسلامية لدينا تراث أخلاقي وديني يجعل لدينا ميل لاحتواء هؤلاء الأطفال، وحسن رعايتهم حيث يقول رسولنا الكريم صلى الله عليه وسلم: «خير بيوت المسلمين بيت فيه يتيم يكرم»، ويقول أيضًا: «أنا وكافل اليتيم في الجنة كهاتين»، وأشار بالسبابة والوسطى.

* * *

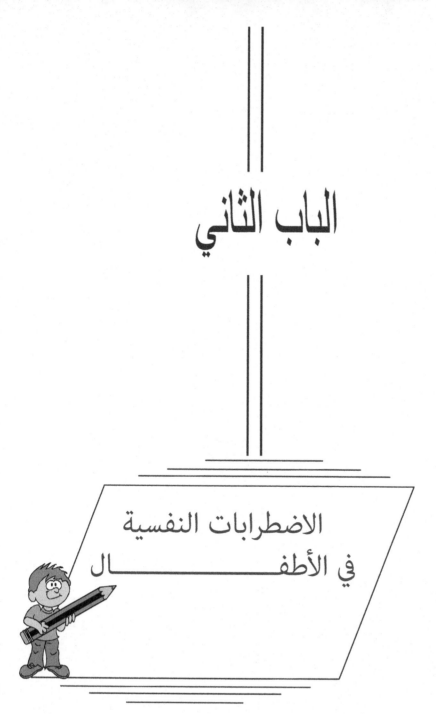

الباب الثاني

الاضطرابات النفسية
في الأطف   ال

القلق

إنَّ القلق يصاحب الإنسان منذ مولده ويلازمه حتى وفاته، وربما يكون هذا مصداقًا للآية الكريمة: " لَقَدْ خَلَقْنَا الإِنْسَانَ فِي كَبَدٍ" [البلد:4]، فهو يكابد آلام الولادة، ويكابد مشكلات الرضاعة والتبرز والاتصال والانفصال والخوف من فقد الأم (مصدر الحب والحنان والرعاية)، أو فقد الأب (مصدر الإنفاق والحماية)، وفي كلِّ مرحلة توجد مصادر عديدة للقلق، ومع هذا فإنَّ القلق ليس مرضًا في كلِّ الحالات، بل هو يؤدي وظيفة هامة لبقاء الإنسان إذا ظلَّ في الحدود المقبولة؛ لأنه يدفع الإنسان للابتعاد عن الأشياء التي تهدد وجوده أو سلامته، ولكن إذا زاد القلق عن هذه الحدود؛ فهو يؤثر تأثيرًا سلبيًا على الطفل كما سنرى.

والقلق عند الطفل يمكن أن يعبِّر عن نفسه في صورة أعراض نفسية كالخوف المفرط من أشياء لا تستحق الخوف أو العصبية الزائدة والصراخ أو البكاء المستمر والتعلق بالأم طول الوقت، والخوف من الأشخاص الغرباء، والخوف من الظلام، والخوف من الحيوانات... إلخ.

وأحيانًا يظهر في صورة أعراض جسمانية كفقد الشهية للطعام، وفقد الوزن، واضطرابات البطن، وكثرة التعرض للالتهابات، والقيء المتكرر، وعدم الاستقرار الحركي... إلخ.

ويمكن استعراض أنواع القلق في فترة الطفولة كالآتي:

1- قلق الانفصال:

حيث يصاب الطفل بخوف شديد عند أي محاولة لإبعاده عن أمه، ويظلُّ ملتصقًا بها طول الوقت أينما ذهبت، وتظهر المشكلة أكثر عندما تحاول الأسرة

إلحاق الطفل بالحضانة أو المدرسة، حيث يرفض الطفل رفضًا تامًا الذهاب إلى أي مكان، يبتعد فيه عن أمه، ويصاب بحالة من الهلع إذا تركته الأم في أي مكان وذهبت بعيدًا.

وهذه الحالة تعالج باستخدام مضادات الاكتئاب ثلاثية الحلقات (مثل الإميبرامين)، مع بعض مضادات القلق بالإضافة إلى العلاج النفسي، وذلك بأن تذهب الأم مع الطفل في اليوم الأول إلى المدرسة، وتجلس معه نصف ساعة، ثم تعود به، وفي اليوم التالي تجلس فترة أطول ثم تعود به.. وهكذا لمدة أسبوع.

وفي الأسبوع الثاني يذهب الأب مع الطفل، ويكرر ما فعلته الأم، ثم يبدأ الأب بالانسحاب التدريجي في الوقت الذي يكون الطفل فيه قد ارتبط بالمكان والأطفال.

2- التجنب:

في هذه الحالة نجد الطفل خائفًا من كلِّ شيء، ومتجنبًا كل شيء، فهو متجنب أي موقف جديد أو علاقة جديدة مع أحد، ويتجنب أي محاولة جديدة للتعرف على الأشياء من حوله، ويظلُّ يدور في محيطه المألوف الضَّيق.

3- القلق المفرط:

مثال لذلك الطفل الذي يتوتر ويضطرب لأي تغيير في حياته؛ فهو يقلق مع دخول المدارس قلقًا شديدًا، ويقلق إذا حضر ضيوف غرباء إلى البيت، ويقلق إذا انتقلت الأسرة لمنزل جديد، ويقلق بشدةٍ إذا ولد للأسرة طفل جديد.. وهكذا نجده يقلق لأي حدث عادي في الحياة بشكل يتجاوز حدود القلق الطبيعي؛ فهو باختصار يحمل همَّ كل شيء، ويجده صعبًا مخيفًا.

4- الرهاب:

وهو حالة من الهلع تنتاب الطفل عند رؤية شيء معين أو المرور بموقف

معين؛ فمثلاً تحدث هذه الحالة عندما يرى الطفل قطةً أو فأرًا أو ثعبانًا أو كلبًا أو أحد الأشخاص، أو أن يكون في مكان مرتفع أو مكان واسع مفتوح أو مكان مغلق أو مزدحم.

وفي هذه الحالات يكون الطفل في حالة فزع شديد، ووجهه مصفر، وعرقه غزير، ونبضه سريع، ويداه باردتان مرتعشان، ويحاول الاحتماء بأقرب شخص إليه.

5- الوساوس:

ويأخذ شكل أفكار معينة تتسلط على الطفل، ويظلُّ مشغولاً بها طول الوقت، ولا يستطيع التخلص منها، أو يكون في صورة فعل قهري، كأن يكرر غسل يديه مرات عديدة، ويقضي في دورة المياه أوقاتًا طويلةً؛ ليتأكد أنه تطهَّر من نجاسته، أو بعد الوضوء مرات عديدة أو يعيد الصلاة أو يصر على غسل ملابسه إذا مرتْ بجواره قطة... إلخ.

وهذه الأنواع المختلفة من القلق يمكن علاجها بمضادات القلق ومضادات الاكتئاب والعلاج النفسي الفردي أو السلوكي أو العائلي أو كلاهما معًا، وعلى الأسرة أن تراجع طريقة تربيتها لأطفالها، فتجعل جو البيت آمنًا هادئًا، ولا تبالغ في الخوف من الأحداث أو الأشياء، وتعوِّد الطفل على الاستقلال والمغامرة لاكتشاف البيئة من حوله، وعلى الأم ألا تبالغ في الخوف من النجاسة أو القذارة؛ لأن الأصل في الأشياء الطهارة، فقد وجد أن نسبة كبيرة من حالات الوسواس القهري لدى الأبناء يكون سببها النظام الصارم للأم (أو الأب) الذي يتشكك في النظافة والطهارة والنظام، ويبالغ في التدقيق في كلِّ شيءٍ.

* * *

اضطرابات النوم

يعتبر النوم من الأشياء التي تعكس الحالة النفسية للطفل خاصةً أن الطفل ربما لا يستطيع أن يتحدث صراحةً عن مشاكله النفسية، فيكون اضطراب النوم دليلاً على اضطراب حالته النفسية، ولاضطراب النوم حالات كثيرة نذكر منها:

1- الأرق:

بأن يجد الطفل صعوبةً في أن ينام في أول الليل، أو أنه ينام ولكن نومه يكون متقطعًا، فيستيقظ عدة مرات أثناء الليل، أو أنه يستيقظ مبكرًا ولا يستطيع العودة إلى النوم مرة أخرى، وعندما لا يأخذ الطفل كفايته من النوم نجده شاحبًا وعصبيًا وقلقًا، وغير قادر على التركيز في اللعب أو المدرسة، ويكون مزاجه معتلاً.

والأرق في النوم يمكن أن يكون علامة للقلق أو للاكتئاب، ويعالج بعلاج السبب، وبتهيئة جو هادئ ومريح للنوم، وفي قليل من الأحيان نحتاج لبعض العقاقير لفترة قصيرة.

2- زيادة النوم:

وهذا العرض يكون بنسبة أقل من العرض السابق، فنجد الطفل ينام كثيرًا سواء ليلاً أو نهارًا، ويستيقظ للمدرسة بصعوبة في الصباح، ويفضِّل النوم على أي شيء آخر، ويبدو في حالة كسل وتثاؤب معظم الوقت.

وفي هذه الحالة يمكن أن تكون تعبيرًا عن التعاسة والحزن، فالطفل لا يجد شيئًا يثيره أو يريد أن يهرب من واقع لا يرضى عنه، ويمكن أن يكون ذلك من تأثير اضطراب عضوي كنقص إفراز الغدة الدرقية.

3- الكوابيس الليلية:

يستيقظ الطفل ليلاً على إثر حلم مخيف، وربما يصرخ فزعًا، ويحاول الاحتماء بمن حوله، وهو يتذكر تفاصيل الحلم المخيف، ثم بعد فترة يهدأ وينام، وربما يتكرر الكابوس عدة مرات أثناء الليل، والكوابيس الليلية تحدث لكلِّ الأطفال على فترات، ولكننا لا نعتبرها اضطرابًا إلا إذا كانت تتكرر بشكل واضح ومؤثر على نوم الطفل، وهنا نبدأ في البحث عن الأسباب، فربما كان مكان النوم غير مريح للطفل، أو أن الطفل يشاهد بعض الأشياء المخيفة في التليفزيون قبل نومه، أو أن أحدًا يحكي له حكايات مخيفة، أو أنه لا يشعر بأمان في حياته نتيجة اضطراب الجو الأسري وإحساسه بقرب انهيار الأسرة في أي وقت، أو تعرضه للعقاب الشديد من الأب أو الأم أو المدرس، أو أنه يعاني من اضطراب القلق النفسي... إلخ.

ويكون العلاج بتلافي الأسباب السابقة، وتوفير جو آمن للطفل في حياته عمومًا، وأثناء نومه بشكل خاص، وهناك حالات قليلة تحتاج للعلاج النفسي أو الدوائي.

4- الفزع الليلي:

في هذه الحالة يستيقظ الطفل من نومه في حالة فزع شديد، ويكون وجهه مصفرًا، وأطرافه باردة، وأحيانًا يتصبب عرقًا، وإذا حاول أحد تهدئته؛ فإنه لا يستجيب بسهولة، ولا يحس بمن حوله، وبعد فترة يعود إلى النوم، ولا يتذكر أي شيء عن هذه الحالة عندما يستيقظ، وهذه الحالة تعكس قدرًا من القلق أعمق، مما رأيناه في حالات الكوابيس الليلية، وهناك بعض الأبحاث تعزو هذه الحالة إلى اضطراب النشاط الكهربي في المخ، وتوصي باستخدام بعض مضادات الصراع بجرعات قليلة.

5- المشي أثناء النوم:

يقوم الطفل من سريره، ويتحرك في الغرفة أو المنزل، وربمـا يقـوم بـبعض الأفعـال المركبـة، كأن يفتح الثلاجة، ويتناول كوبًا من الماء، ثم يعود إلى سريره، وإذا قابله أحد أثناء مـشيه، فإنـه لا يشعر به، ولا يستيقظ بسهولة أثناء هذه الحالـة، وهـذا الاضـطراب يحـدث نتيجـة لخلـل في مرحلة النوم الحالم، وهو يستجيب للعلاج ببعض مضادات الاكتئاب.

* * *

اضطرابات النمو الشاملة
Pervasive Developmental Disorders

هذه الاضطرابات تشمل مجموعة من الحالات تتسم بالاضطرابات الشامل لعـدة وظائف نفسية، مثل تأخر أو انحراف المهارات الاجتماعية واللغة والتواصل والسلوك.

وهذه المجموعة من الاضطرابات تشمل:

* اضطراب الذاتوية (التوحد) Autistic Disorder

* اضطراب رت   Rett's Disorder

* الاضطراب المفكك للقدرات العقلية في الطفولة

Childhood Disintegrative Disorder

* اضطراب أسبرجر Asperger 's Disorder

ولنأخذها بشيء من التفصيل حسب أهمية كل اضطراب وانتشاره.

1- اضطراب الذاتوية (التوحد)

Autistic Disorder

لقد لاحظ مودسلي عام 1867م (1867Maudsley) أن هناك مجموعة من الأطفال لديهم تأخر وتشوه في النمو، وكان يضع هؤلاء الأطفال ضمن تقسيمات ذهان الطفولة، ثم جـاء كـانر عام 1943م (1943Kanner,) فأعطى اسم «ذاتوية الأطفال الرضـع» (Infantil Autism) لهـذا الاضطراب تفصيلاً.

معدل الانتشار:

يصيب هذا الاضطراب حوالي 5 من كلِّ 100.000 من الأطفال (أي 0.05%).

ويبدأ هذا الاضطراب قبل سن 3 سنوات، ومع هذا يتأخر اكتشافه في بعض الحالات إلى سن متأخرة في الطفولة، وفي بعض الدراسات الحديثة وصل المعدل إلى 1 من كل 1000، ويبدو أن هذه الزيادة مرتبطة بارتفاع نسبة الملوثات، وتأثيرها على النساء الحوامل، وعلى التركيبات الجينية.

وهو أكثر شيوعًا في الذكور مقارنةً بالإناث بنسبة (1: 5)، ولكن الفتيات المصابات تكون حالاتهن أكثر تدهورًا، ويصاحبها تخلف عقلي بدرجات شديدة.

وكان يعتقد في الماضي أن هذا المرض يصيب أبناء وبنات الطبقات الاجتماعية الأعلى، ولكن الأبحاث لم تثبت هذا، ويبدو أن اكتشاف المرض في هذه الطبقات كان أكثر نتيجة للعناية الطبية التي يلقونها، وإلى وقت قريب كان يعتقد أن هذا الاضطراب نادر في المجتمعات الشرقية مقارنةً بالغرب، ولكن في السنوات العشر الأخيرة أصبحنا نرى عددًا غير قليل من الحالات، ونتمنى أن تجري دراسات إحصائية دقيقة لمعرفة مدى انتشارية هذا الاضطراب في مصر والعالم العربي.

أسباب المرض وآلية حدوثه:

العوامل النفسية والاجتماعية والأسرية:

لقد افترض كانر في البداية أن هذا الاضطراب يرجع إلى ضعف الاستجابة العاطفية لدى الأم، بمعنى أن الأم تتسم بالبرود العاطفي، ولا تحوط طفلها بالعناية اللازمة، ولكن الأبحاث والدراسات المنضبطة قارنت بين آباء وأمهات المرضى وغير المرضى، فلم تجد فروقًا ذات دلالة، وعلى الجانب الآخر تواترت الكثير من الأدلة التي تشير إلى اضطرابات بيولوجية في المخ لدى الأطفال الذاتويين.

ولكن الملاحظ أن الأطفال الذاتويين يستجيبون بشكل مبالغ لأي ضغوط عائلية أو تغيرات في البيئة، ويقاومون هذه التغيرات بشدة.

العوامل البيولوجية:

لقد لوحظ ارتفاع معدل التخلف العقلي، وحدوث نوبات الصرع لدى الذاتويين، وهذا ربما يشير إلى احتمالات إصابة المخ بخلل عضوي، ووجد أن 75% من الذاتويين يعانون من تخلف عقلي كاضطراب مصاحب، وحوالي 32% من الذاتويين قد عانوا من نوبات صرعية كبرى في فترة من حياتهم، وأثبتت الأشعة المقطعية اتساع البطينات الدماغية في 25% من الحالات، وبعمل رسم مخ كهربائي تبيَّن أن (10- 83%) من الحالات لديهم اضطرابات غير نوعية في رسم المخ، وهناك أدلة على فشل سيطرة أحد نصفي المخ على الآخر، أما فحوصات الرنين المغناطيسي على المخ، فقد أثبتت وجود شذوذات في بعض مناطق المخيخ وشذوذات في القشرة المخية.

والأطفال الذاتويون لديهم مشكلات مصاحبة في الجهاز العصبي مثل الحميراء أو الحصبة الألماني (Rubella)، والفينيل كيتونيوريا والتصلب الحدبي (Tuberous sclerosis)، واضطرابات رت (Rett' s Disorder).

ويشير وجود شذوذات خلقية طفيفة لدى الأطفال الذاتويين أكثر من غيرهم إلى اضطرابات محتملة في النمو حدثت في الشهور الثلاثة الأولى للحمل.

العوامل الجينية:

لقد ثبت من العديد من الأبحاث أن نسبة الإصابة بالمرض في أشقاء الذاتويين تتراوح بين (2% إلى 4%)، وهي نسبة عالية تفوق 50 مرة نسبة الإصابة في عموم الناس، أما نسبة الإصابة المتواترة في التوائم المتماثلة، فتصل إلى 36%.

ويبدو أن هناك ارتباطًا ما بين اضطراب الذاتوية ولزمة إكس الهشة (Frgil - X Syndrome) حيث إن 1% من الذاتويين لديهم هذه اللزمة.

وحوالي 2% من الذاتويين لديهم اضطراب التصلب الحدبي (Tuberous sclerois)، وهذا اضطراب جيني آخر يتميز بأورام حميدة متعددة في المخ (درنات)، وقد وجدت الأبحاث الأحدث على الـ «دنا» (DNA) دليلاً قويًا جدًا على إصابة منطقتين على الكروموسومين رقم 2 ورقم 7 في حالات الذاتويين، كما وجدت أدلة ارتباطات على أضعف على الكرموسومين رقم 16 ورقم 17.

العوامل المناعية:

تشير أبحاث عديدة إلى عدم التوافق المناعي بين الأم والطفل حيث يوجد في دم الأم أجسام مضادة موجهة نحو الجنين، والجنين بدوره يفرز خلايا ليمفاوية لمواجهة تلك الأجسام المضادة، وهذه المعركة تحدث تلفًا في الجهاز العصبي للجنين في مراحله الأولى.

عوامل قبل وأثناء الولادة:

لوحظ أن الأطفال الذاتويين قد تعرضوا أكثر من غيرهم لأحداث قبل وأثناء الولادة مثل النزيف أثناء الفترة الأولى من الحمل أو كرب التنفس والأنيميا (فقر الدم) بعد الولادة.

عوامل تشريحية عصبية:

أوضحت دراسات وفحوصات الرنين المغناطيسي أن حجم المخ في الأطفال الذاتويين كان أكبر من الأطفال العاديين على الرغم من أن الذاتويين المصابين بتخلف عقلي شديد تكون رءوسهم أصغر حجمًا.

والزيادة في حجم المخ تبدو أكثر وضوحًا في الفص القفوي والجداري

والصدغي، ولا توجد فروق في الفص الأمامي، والزيادة في الحجم هنا يبدو أنها مرتبطة بزيادة في نمو الخلايا العصبية، أو نقص معدل موتها، أو تكون زيادة في الخلايا غير العصبية (Glial cells or blood vescls).

ويعتبر كبر حجم المخ علامة بيولوجية لحالات الذاتوية، ويبدو أن الفص الصدغي بالمخ له علاقة وثيقة بأعراض الذاتوية حيث إن المصابين بتلف في هذا الفص لديهم بعض الأعراض المشابهة لهذا الاضطراب.

⬇ عوامل كيميائية حيوية:

العديد من الدراسات بيّنت أن هناك ارتفاعًا لمستوى السيروتونين في دم ثلث الأطفال الذاتويين، ولكن هذا الارتفاع ليس مقصورًا عليهم؛ إذ إنه يوجد أيضًا في الأطفال المتخلفين عقليًا بدون اضطراب ذاتوية، وعلى العكس من ارتفاع السيروتويين في الدم نجد انخفاضًا في مستوى السيروتونين في السائل النخاعي بالمخ في ثلث الأطفال الذاتويين.

وقد وجد أيضًا ارتفاعًا في مادة حمض الهوموفانيليك (Homovanilicacid) في السائل النخاعي، وهذه المادة هي الناتج الرئيسي لأيض الدوبامين، مما يشير إلى احتمالات ارتفاع مستوى أدوبامين في مخ الأطفال المصابين.

العلامات الإكلينيكية والتشخيص: طبقًا لدليل التشخيص والإحصاء الرابع المعدل DSM – IV- TR:

أ- يلزم وجود ستة أعراض أو أكثر من البنود (1، 2، 3) (على الأقل عرضين من (1)، وعرض من كل (2، 3).

1- خلل نوعي في التفاعل الاجتماعي في اثنين على الأقل من الأعراض التالية:

☞ خلل واضح في العديد من السلوكيات غير اللفظية، مثل نظرات

العـين، وتعبـيرات الوجـه، وأوضـاع الجـسم، والإيمـاءات المـستخدمة في تنظـيم التفاعل الاجتماعي.

- العجـز عـن البحـث التلقـائي عـن الرفـاق لمـشاركتهم الاسـتمتاع والاهتمامـات والإنجازات.
- نقص التبادل العاطفي والاجتماعي.

2- خلل نوعي في التواصل كما يتضح من وجود عرض على الأقل من الأعراض التالية.

- تأخر أو نقص كامل في نمو اللغة المنطوقة.
- وفي حالة القدرة على الكلام، يوجد خلل في القدرة على المبادرة أو الاستمرارية في المحادثة مع الآخرين.
- الأسلوبية والاستخدام المتكرر للغة أو استخدام لغة غير متوافقة.
- نقص اللعب التلقائي المتنوع من تمثيل أو تقليد أدوار اجتماعية مناسـبة لمـستوى نمو الطفل.

3- أنماط سلوكية أسلوبية محدودة ومتكررة مع قلة الاهتمامات والأنشطة، كـما يتـضح في وجود عرض على الأقل من الأعراض التالية:

- الانشغال المستمر بواحد أو أكثر من الأنماط الأسـلوبية لاهتمامـات غـير طبيعيـة من ناحية شدتها أو توجهها.
- التمسك الظاهر وغير المرن بطقوس غير وظيفية.
- سلوك حركي أسلوبي متكرر (مثل رفرفة اليد أو الأصابع، الالتـواء أو حركـة مركبـة للجسم).
- الانشغال الدائم بأجزاء من الأشياء.

ب- التأخر أو الشذوذ الوظيفي في واحد على الأقل من المجالات التالية على أن يبدأ ذلك قبل سن 3 سنوات:

- التفاعل الاجتماعي.

- اللغة كما تستخدم في التواصل الاجتماعي.

- اللعب الرمزي أو التخيلي.

ج- الاضطراب لا يتفق مع مواصفات اضطراب رت أو الاضطراب المفكك للقدرات العقلية في الطفولة:

التشخيص الفارق:

نظرًا لتشابه هذا الاضطراب مع اضطرابات أخرى في مرحلة الطفولة، لذلك يجب مراعاة العلامات الفارقة بين اضطراب الذاتوية والاضطرابات الأخرى كما يلي:

1- الفصام لدي الأطفال:

وهو نادر في الأطفال تحت سن 12 سنة، وأكثر ندرة تحت سن 5 سنوات، والطفل الفصامي تكون لديه هلاوس وضلالات، ولا توجد لديه علامات للتخلف العقلي.

2- التخلف العقلي مع اضطراب السلوك:

ربما يظهر المتخلفين عقليًا بعض أعراض اضطراب السلوك الموجودة لدى الأطفال الذاتويين، وأحيانًا نجد الاضطرابين موجودين معًا حيث إن 75% من الذاتويين لديهم درجات مختلفة من التخلف العقلي.

والعلامة الفارقة بين التخلف العقلي والذاتوية هو أن الأطفال المتخلفين يتفاعلون اجتماعيًا ولغويًا قدر استطاعتهم مع الآخرين، ولديهم ميل قوي

لذلك على الرغم من الإعاقة الذهنية.

3- اضطراب خليط من الاستقبال والإرسال اللغوي:

وهؤلاء الأطفال لديهم قدرة على التواصل غير اللفظي، وعلى اللعب التخيلي، ومستوى ذكائهم أفضل من الذاتويين، وليس لديهم الأسلوبية والترديد الموجودين لدى الأطفال الذاتويين.

4- الصمم:

الأطفال المصابين بالصمم يستجيبون للأصوات المرتفعة في حين أن الذاتويين لا يستجيبون لتلك الأصوات العالية، بل يستجيبون أفضل للأصوات المنخفضة، والأهم من ذلك أن الأطفال المصابين بالصمم لديهم رغبة للاقتراب العاطفي من الآخرين.

5- الحرمان النفسي الاجتماعي:

قد يتعرض الطفل لحرمان نفسي أو اجتماعي من خلال إهمال الأم له أو عزله في مستشفى لفترة طويلة، أو فقر البيئة التي يعيش فيها، وفي هذه الحالة نراه منطويًا قليل الكلام قليل التفاعل الاجتماعي، ولكن هذا الطفل يتحسن سريعًا بمجرد وضعه في بيئة مناسبة.

المســار والمآل:

يعتبر اضطراب الذاتوية (التوحد) اضطرابًا ممتدًا حيث يستمر لفترة طويلة، ويتوقف مستوى التحسن على عدة عوامل، أهمها الذكاء؛ فقد وجد أن الذاتويين الذين يرتفع مستوى ذكائهم فوق 70، أو يكتسبون لغة التواصل في سن (5 – 7) سنوات يكون مآلهم أفضل؛ فهؤلاء الأطفال بمتابعتهم تبيَّن أنهم في سن 13 سنة كانوا أقرب إلى الأطفال الطبيعيين مع بقاء بعض الأعراض المرضية مثل الأسلوبية والطقوسية.

وعمومًا فإن (1- 2%) من الذاتويين يتحسنون بدرجة كبيرة، ويعيشون حياة طبيعية في حين أن (5- 20%) منهم تكون حالتهم حدية (بين السواء والمرض)، أما بقية الحالات خاصةً تلك التي يصاحبها تخلف عقلي واضح؛ فإنهم يحتاجون لرعاية ممتدة.

🚗 العـــلاج:

1- العلاج التعليمي السلوكي:

وهو العلاج الأهم على المدى الطويل في هذه الحالات حيث يتم تعليم الطفل مهارات التواصل والتفاعل الاجتماعي والعناية بالذات بالإضافة إلى التدريبات اللغوية.

2- العلاج النفسي والإرشادي للوالدين:

فالوالدين يحتاجان للدعم والمساندة والتوعية لتحمل ورعاية الطفل الذاتوي المضطرب، كما أن برامج العلاج السلوكي تستكمل في البيت حيث يعيش الطفل مع والديه، لذلك فهما يحتاجان للتدريب على مساعدة الطفل لتغيير سلوكياته المضطربة.

3- العلاج الدوائي:

لا يوجد علاج دوائي نوعي لمرض الذاتوية، ومع هذا ثبت أن لبعض الأدوية تأثير إيجابي على الاضطرابات السلوكية مثل الأسلوبية والعدوان وفرط الحركة وإيذاء الذات، ومن هذه الأدوية «الهالوبيريدول»، وهو مضاد للذهان من المجموعات التقليدية، وكانت له بعض الأعراض الجانبية تقلل من استخدامه.

وحديثًا ثبت أن لعقار «الريسبيريدون» (ريسبريدال) أثر فعَّال في علاج الاضطرابات السلوكية سالفة الذكر، وهو أكثر أمانًا، وأقل بكثير من ناحية

الأعراض الجانبية، ولا يتوقف الأثر الإيجابي لهذا العقار على الاضطرابات السلوكية، بـل يتعداه إلى زيادة القدرة على التفاعل الاجتماعي والوجداني، وتتراوح الجرعة في الأطفال مـن (0.5- 4 مجم).

أما بقية مضادات الذهان الحديثة؛ فلا توجد أبحاث كافية لبيان أثرها وأعراضها الجانبيـة، ولكنها تستخدم حسب الحاجة.

وهناك أبحاثًا حديثةً أثبتت فاعلية لعقاقير مضادات اسـترداد الـسيروتونين النوعيـة SSRIS (ماسا) في السيطرة على بعض أعراض الذاتوية.

2- اضطراب رت

Rett's Disorder

هذا الاضطراب يصيب الإناث فقط من الأطفال، وفيه يكون نمو الطفلة طبيعيًا في الـشهور الخمسة الأولى من عمرها، ثم بعد ذلك يحدث قصور في نمـو الـرأس مـن عمـر 5 شهور إلى 48 شهر، كما يحدث فقد للمهارات اليدوية المكتـسبة قبـل ذلك، وتظهر حركـات اليـد الأسـلوبية النمطية، ويحدث تدهور للتفاعل الاجتماعي، إضافةً لذلك نجد صعوبة في المشي، والتـوازن مـع اضطراب في حركة الجذع، ويحدث تدهور شديد في وظيفة الكلام مع بطء نفسي حـركي، وهـذا الاضطراب يأخذ مسارًا تدهوريًا، ويؤدي إلى إعاقة شديدة.

3- الاضطراب المفكك
للقدرات العقلية في الطفولة
Childhood Disintentegrative Disorder

يكون نمو الطفل عاديًا حتى يبلغ عامين من عمره، ثم يبدأ في فقد المهـارات التـي اكتـسبها، وهـو يشبه في مساره وعلاجه اضطراب الذاتوية إذا استثنينا بداية حدوثه.

4- اضطراب أسبرجر

Asperger's Disorder

وهذا الاضطراب يختلف عن اضطراب التوحد في نمو اللغـة والقـدرات المعرفيـة ومهـارات المساعدة الذاتية تكون طبيعية، على الرغم من اضطراب التفاعل الاجتماعي وأسـلوبية وتقلـص السلوك.

* * *

اضطراب ضعف الانتباه / زيادة الحركة

/Attention Deficit
Hyperkinetic Disorder

طفلٌ في السابعة من عمره يشكو مدرسوه أنه لا ينصت للشرح، ولا يستوعب جيدًا على الرغم من أنه يبدو ذكيًا، وهو في نفس الوقت لا يكف عن الحركة أبدًا؛ فهو ينتقل من مكان إلى مكان في الفصل، ويقفز من الشباك إلى الصالة، وكثيرًا ما يكسر الأشياء داخل الفصل، ويخطف الأدوات المدرسية من زملائه، ويؤدي ذلك إلى كثرة الشجار معهم، وإلى طرده من الفصل، وأحيانًا من المدرسة، واستدعى الأخصائي الاجتماعي ولي أمره، فحضرت الأم، وذكرت أنها تعاني من نفس المشكلات معه في المنزل، فهو لا يكف عن الحركة إلا عند النوم، «وكأن هناك موتورًا يحركه بلا توقف»، ولا يترك شيئًا في مكانه، ولا يستطيع التركيز في عمل أي شيء لفترة طويلة، بل ينتقل من شيء إلى آخر دون أن يتم أي شيء، وهو لذلك لا يستطيع أن يذاكر دروسه، أو يكتب واجباته إلا بصعوبة شديدة، وبمتابعة مستمرة ومضنية من الأم.

> هذه الحالة هي مثال لاضطراب نقص الانتباه فرط الحركة الذي تمَّ وصفه في بدايات القرن العشرين، وبدأ الاهتمام بعلاجه طبيًا عام 1937م.

معدل الانتشار:

هناك اختلافات في معدلات الانتشار في الدراسات المختلفة من بلد لآخر، ربما بسبب اختلاف المقاييس، واختلاف درجات القبول لما هو طبيعي، وما هو غير طبيعي في سلوك الطفل؛ فمثلاً في أمريكا كانت نسبة الإصابة (2- 20%)

من أطفال المدارس الابتدائية، وفي إنجلترا أقل من 1%، وفي مصر كانت النسب تتراوح بين (6% و12%) من تلاميذ المدارس الابتدائية.

ويزيد هذا الاضطراب بين الذكور أكثر من الإناث بنسبة (1: 5)، ويكثر حدوثه في الطفل الأول.. ووجد أن الأبوين أو كليهما كان كثير الحركة في طفولته، أو لديه سمات اضطراب في سلوكه الاجتماعي، أو كان يتعاطى المخدرات، أو لديه أعراض هستيرية تحولية.

وعلى الرغم من أن الحالة تبدأ مبكرًا في سن 3 سنوات إلا أن أكثر الحالات لا يتم تشخيصها إلا عند التحاق الطفل بالمدرسة الابتدائية، حيث يتطلب الوضع استقرارًا في الفصل، والتركيز في الدروس والواجبات.

وقد لوحظ في السنوات الأخيرة كثرة الشكوى من الأطفال كثيرة الحركة، ربما لأن تربية الأطفال أصبحت تتم في شقق مغلقة صغيرة المساحة، ولم يعد مسموحًا للأطفال أو مأمونًا لهم أن يلعبوا في مساحات واسعة خارج المنزل، كما كان الحال في السابق، لذلك تظهر حركتهم بشكل مزعج للوالدين، إضافةً إلى أن بعض الآباء والأمهات مغرمين باقتناء التحف الزجاجية والفخارية سهلة الكسر، مما يزيد من فرصة كسر هذه الأشياء مع حركة الأطفال المستمرة داخل هذا الحيز المحدود.

ويزيد أيضًا من الإحساس بهذا الاضطراب زيادة الاهتمام بالتعليم والتفوق الدراسي، مما يجعل الأبوين أكثر حساسية لنقص الانتباه لدى طفلهم.

الأسباب:

إنَّ السبب الحقيقي لهذا الاضطراب غير معروف على وجه التحديد حتى الآن، فغالبية الأطفال المصابين بهذه الحالة ليس لديهم اضطراب تركيبي واضح في الجهاز العصبي المركزي، وعلى الجانب الآخر نجد أن كثيرًا من الأطفال الذين

يعانون من أمراض عصبية نتيجة إصابة بالمخ ليس لديهم هذا الاضطراب، ونظرًا لهذا الغموض اتجهت الأنظار إلى بعض العوامل التي ربما تكون قد ساهمت في حدوث الحالة مثل التعرض لبعض السميات أثناء الحمل، أو الولادة المبكرة، أو إصابات الجهاز العصبي قبل أو أثناء الولادة، وهناك احتمالات أن تكون الأشياء التي تضاف لبعض الأغذية مثل مكسبات الطعم واللون والمواد الحافظة خاصةً في الحلوى وسائر الأطعمة الخفيفة التي يتناولها الأطفال بكثرة لها دور في إحداث أو إظهار المرض.

* **عوامل وراثية:** (Genetic Factors)

1- هناك عوامل جينية واضحة في حوالي 50% من الحالات، وهذه العوامل يمكن ربطها بالنشاط الزائد ونقص الانتباه.

2- ويبدو أن ما يتم انتقاله بالوراثة هو نقص معرفي أساسي يعكس عمليات في الفصين الأمامين للمخ، وهذا النقص المعرفي يؤثّر بشكل خاص في وظائف وعمليات، مثل التخطيط، والاستجابة الاندفاعية، والقدرة على نقل الانتباه أو تثبيته.

3- توجد في بعض الحالات مقاومة عامة لهرمون الغدة الدرقية.

(Generalized Resistance to Thyroid Hormone GRTH).

وهذا يحول دون نمو المخ، ويؤدي إلى اضطراب في ناقلات الكاتيكولا أمينات (Catecholamine neurotransmiters).

4- اضطراب في أحد مكونات البلازما يسمَّى (C4B)، ويتم توارثه عن طريق الكروموسوم رقم 6.

* **عوامل بيولوجية:** (Biological Factors)

أ- الناقلات الكيميائية العصبية (Neruro - transmitters)

1- اضطراب في الدوبامين أو النورادرينالين أو السيرتونين.

2- فرضية الدوبامين – كاتيكولامين – (Dopamin Catecholamine).

3- احتمالات اضطراب الجابا (GABA).

ب- تغيرات تركيبية في المخ:

أوضحت دراسات الرنين المغناطيسي (MRI) على المخ وجود:

1- Structural anomalies in the area of the basal ganglia, involving right – sided dominance with a smaller left caudate nucleous and smaller globus pallidus.

2- Abmormalities in the corpus callosum which may lead to dysregulation between the functions of the two cerebral hemispheres.

3- Alterarions in cerebral dominance.

4- Compromised frontal networks.

ج- وجدت علاقة قوية ومؤكدة بين تدخين الأم في فترة الحمل، وبين اضطراب نقص الانتباه فرط الحركة لدى الأطفال.

* عوامل نفسية اجتماعية: (Psycho – Social Factors)

1- على الرغم من وجود هذا المرض في كلِّ الطبقات الاجتماعيـة إلا أن بعـض الدراسـات والملاحظات الإكلينيكية ترجح وجوده بنسبة أعلى في الطبقات الأقل حظًّا مـن المـال والتعليم.

2- الجو الأسري المضطرب خاصة في وجود صراعات بين الـزوجين، وعـدم اتفـاق عـلى نمـط واضح ومحدد في التربية.

3- اكتئاب الأم حيث تسود التفاعلات المزاجية السالبة بين الأم وطفلها.

4- عدم ثبات التغذية العاطفية المرتجعة.

5- ضعف الارتباط بين السلوك، وما يترتب عليه من ثواب أو عقاب.

6- ضعف التنبيه المعرفي.

7- غيـاب الخبرات التعزيزيـة المناسبة التي مـن شـأنها في حالة وجودهـا – أن تعـزز السلوكيات الإيجابية للطفل.

8- القلق النفسي لدى الطفل.

9- القلق النفسي والمخاوف لدى أحد الأبوين أو كليهما.

10- غموض المعلومات والتعليمات داخل محيط الأسرة مما يدع الطفل في حالة تخبط.

* عوامل نمائية: (Developmental Factors)

إنَّ المشكلات المتفرقة في هذا الاضطراب يجمعها خيط واحد، وهـو «النقص في تنظيم الـذات» (Deficit in Self - Regulation)، والـذي يمكـن إرجاعـه إلى أحـد العـاملين التـاليين أو كليهما:

1- العلاقة غير الصحية بين من يقومون على رعاية الطفل وبين الطفل بحيث تحول هـذه العلاقة التدخلية (Intrusive) دون تعديل حالة الاستثارة لدى الطفل.

2- ويلعب المزاج الطبيعي للطفل دورًا مهمًا في مسألة تنظيم الذات.

* عوامل مكانية: (Spacial Factors)

لا شكَّ أن المشكلة تظهر بوضوح لدى الأطفال الـذين يعيـشون في شـقق ضيقة مليئة بالأثاث والأدوات سهلة الكسر والتحف الزجاجية مقارنةً بالأطفال الذين يعيـشون في أمـاكن واسـعة، ولـديهم الفرصة لإخراج طاقاتهم في أماكن مفتوحة.

التقييم الإكلينيكي:

1- التاريخ المرضي الطبي والنمائي.

2- اختبارات نفسية.

- معامل الذكاء (IQ)

- الشكل المعرفي (Cognitive Profile)

- المعارف الاجتماعية (Social Cognitions)

- صعوبات التعلم.

- تقييم الانتباه.

3- فحوصات أخرى يمكن عملها عند الحاجة:

رسم المخ الكهربائي (EEG)، الأشعة المقطعية على المخ (CT)، الرنين المغناطيسي عـلى المـخ (MRI).

4- تقييم الأسرة البيئية المحيطة.

الخصائص التشخيصية:

يشخص اضطراب نقص الانتباه فرط الحركة (ADHD) في حالة وجود المواصفات التالية:

أ- وجود (1) أو (2)

1- نقص الانتباه: يشخص بوجود ستة أو أكثر من الأعراض التالية لمـدة لا تقـل عـن سـتة شهور، ولدرجة أضرت بتكيف الطفل، ولا تتناسب مع مرحلة النمو التي يمرُّ بها:

- غالبًا يفشل في إعطاء انتباه دقيق للتفاصيل أو يرتكب أخطاء إهمالية في

واجباته المدرسية أو عمله أو الأنشطة الأخرى.

- لديه صعوبة في تركيز انتباهه لمدة طويلة في المهام أو اللعب.

- لا يبدو عليه الإنصات لما يقال له مباشرةً.

- لا يتبع التعليمات، ويفشل في إنهاء واجباته المدرسية أو مهامه العلمية، (وليس ذلك بسبب سلوك العناد أو الفشل في فهم التعليمات).

- غالبًا يتجنب أو يكره الأنشطة التي تتطلب تركيز القدرات الذهنية، (مثال الواجب المدرسي والواجب المنزلي).

- غالبًا لديه صعوبة في تنظيم مهامه وأنشطته.

- غالبًا يتشتت بسهولة بالمثيرات الخارجية.

- غالبًا ينسى أنشطته اليومية.

2- فرط الحركة – الاندفاعية: وجود ستة أو أكثر من الأعراض التالية لمدة لا تقل عـن سـتة شهور، ولدرجة أضرت بتكيف الطفل، ولا تتناسب مع مرحلة النمو التي يمرُّ بها.

* فرط الحركة:

1- غالبًا يكون متململاً في مقعده، ويبدو ذلك أيضًا في حركات يديه ورجليه.

2- غالبًا يغادر مقعده في الفصل أو في مواقف أخرى، ولا يستطيع أن يظلَّ جالسًا في مكان ثابت لوقت طويل.

3- غالبًا يجـري أو يتـسلق الأشياء (في المـراهقين أو الراشـدين ينحـصر ذلك في الـشعور الداخلي بعدم الاستقرار).

4- غالبًا يجد صعوبة في الاندماج في اللعب أو الأنشطة الترفيهية بشكل هادئ.

5- غالبًا يتحرك كثيرًا كما لو كان يعمل بموتور.

6- غالبًا يتكلم كثيرًا.

* الاندفاعية:

1- غالبًا يندفع في الإجابة على أسئلة قبل أن يكمِّل السائل سؤاله.

2- غالبًا يجد صعوبةً في انتظار دوره.

3- غالبًا يقاطع الآخرين أو يقحم نفسه عليهم، (سواء في الحديث أو اللعب).

ب- بعض أعراض فرط الحركات الاندفاعية أو نقص الانتباه كانت موجودة قبل سن 7 سنوات.

ج- بعض الخلل من جراء الأعراض يلاحظ في مكانين أو أكثر، (مثل البيت والمدرسة).

د- يجب أن يوجد دليل واضح على الخلل التكيفي الاجتماعي أو الدراسي أو الوظيفي بسبب هذه الأعراض.

هـ- الأعراض لا تحدث ضمن مسار اضطراب تشوه النمو أو الفصام أو أية اضطرابات ذهنية أخرى، ولا يعد ضمن اضطراب عقلي آخر، (مثل اضطراب الوجدان أو القلق أو الانشقاق أو اضطراب الشخصية).

 التشخيص الفارق:

يجب تفرقة هذا الاضطراب من اضطرابات أخرى يمكن أن تشترك معه في

بعض الملامح مثل:

1- القلق: والذي يمكن أن يظهر في صورة زيادة في الحركة وسهولة التشتت.

2- اضطراب السلوك: والذي يكون مصحوبًا بزيادة في الحركة، ونقص في الانتباه، وميـول عدوانية.

3- صعوبات التعلم: والتي تحول دون تحقيق الإنجاز الـدراسي المطلـوب مثـل صعوبات القراءة، وضعف القدرات الحسابية.

4- نوبات الهوس والهوس الخفيف: أحيانًا تظهر نوبـات هـوس في الطفولـة أو المراهقـة، وتكون أعراضها زيادة في الحركة، وسهولة في التشتت.

المضاعفات:

ماذا لو أهملت الحالة، ولم يتم علاجها بشكل مناسب؟

يؤدي هذا إلى كثير من المضاعفات نذكر منها:

1- التدهور الدراسي.

2- تعرض الطفل أو المراهق لأخطار كثيرة نتيجة حركته واندفاعه.

3- اضطراب تكيـف الطفـل مـع مَنْ حولـه، ممـا يـؤدي إلى كثير مـن المشاكل النفسية والاجتماعية، تكون نتيجتها أن يجد الطفل نفسه مرفوضًا مـن الجميـع، ويـرى نفسه مثيرًا للمشاكل والمتاعب، وقد يعاني من حالات اكتئاب بسبب هذا الموقف.

4- اضطراب السلوك نتيجة العلاقات المضطربة بين الطفل وبين الوسـط المحيـط بـه، وقد يصبح الطفل شخصية مضادة للمجتمع.

دراسة بعض آليات وديناميات نقص الانتباه:

* يعتبر ضعف إنجاز المهام هو السمة الأساسية لمرضى نقص الانتباه، ويمكن أن يكون هـذا نتيجة أحد الاحتمالات التالية:

1- صعوبة التوجه نحو الهدف.

2- اضطرابات في ترميز المعلومات.

3- اضطرابات القدرة على تركيز الذهن على شيء ما.

4- عدم القدرة على تقسيم الانتباه وامتداده.

* قياس نقص الانتباه:

1- دراسة تقارير المدرس والوالدين.

2- التقييم الإكلينيكي البسيط، (كأن يطلب من الطفل أن يطرح رقمًا معينًا باستمرار مـن رقم افتراضي).

3- التقييم الأكثر دقة بواسطة الكمبيوتر لحساب زمن الاستجابة ومعدل الخطأ... إلخ.

* تفسيرات نقص الانتباه:

1- خلل في السيطرة التنفيذية (Excutive Control)

2- خلل في الحسابات للحافز بحيث يكون ما هو آني أو سريع هو الأفضل.

3- خلل في الدافعية فيضعف الحماس للتركيز حيث لا يوجد ما يستحق.

4- خلل في تنظيم الذات.

5- خلل عام في تكامـل الوظائـف المعرفيـة والوجدانيـة والـسلوكية في مواجهـة متطلبـات المواقف المختلفة.

🚗 العـــــلاج:

حين تكون الأسباب متعددة ومتباينة؛ فإنَّ خطة العلاج لا بدَّ وأن تكون بالضرورة متكاملـة ومتعددة المستويات والعناصر بحيث لا يغني عنصر عن آخر.

أولاً: العلاج بالعقاقير:

تعتبر العقاقير المنبهة (Stimulants) هي الخط العلاجي الأول في هذه الحالات مثل:

1- ديكسترو أمفيتامين (دكسيدرين)

Dextroamphetamine (Dexedrine)

2- ميثيل فينيدات (ريتالين) (Methylphenidate (Retalin)

3- بيمولين (Pemoline).

ويعتبر الريتالين أكثر هذه الأدوية استخدامًا، وتتراوح جرعته بين (0.5 إلى 0.9) مجم لكلِّ كجم من وزن الطفل، وتقسم الجرعة إلى قسمين صباحًا وظهرًا.

وقد أعطت هذه العقاقير تحسنًا في الكثير من الحالات حيث وصلت نسبة هـذا التحسـن في بعض الدراسات إلى 75% من الحالات، وليس معروفًا الآلية التي تعمل بها، وقد كان الاعتقاد السائد في الماضي هو أنها تعمل من خلال التأثير العكسي (Paradoxical Effect)، ولكـن يـرجح الآن أنها تعمل من خلال تنشيط مراكز التـحكم والانتبـاه عـن طريـق تنبيـه قشرة المـخ، ومـن الأعراض الجانبية لهذه الأدوية المنبهة ضعف الـشهية للطعـام، الأرق، اعتلال المـزاج، الإدمـان عليها، ونقص النمو والتوتر.

ونظرًا لعدم توافر هذه الأدوية في كثير من الأماكن؛ فإنه يمكن استبدالها

بمنبهات للقشرة المخية موجودة بكثرة في كلِّ مكـان، وهـي الـشاي والقهوة والنـسكافيه لوجود مادة الكافيين فيها، وينصح الوالدين بإعطاء الطفل كوب مـن الـشاي أو القهوة صباحًا وظهرًا، وقد ظهر أن الأطفال يحبون هذه المنبهات، وخاصةً القهوة، ويتقبلونها بسهولة.. وهنـاك ميزة أخرى في هذه المنبهات الطبيعية حيث لا يقلق الأبوين من إعطـاء الطفـل أدويـة نفسية، وفي نفس الوقت لا يشعر الطفل أنه مريض.

أما الخط الثاني في علاج هذه الحالة؛ فهو مضادات الاكتئـاب ثلاثيـة الحلقـات (Tricyclic Antidepressants) مثل الإيمبرامين (Imipramine) المعروف تجاريًا باسم «التوفرانيل»، وخاصةً في الحالات المصحوبة بحالات قلق أو اكتئاب، واستعمال مثل هذه الأدوية يجب أن يتم بتـدرج من جرعات صغيرة إلى جرعات أكبر مع تقييم حالة القلب قبل وأثناء الاستعمال.

أما عقار الديسيبرامين (Desipramine)، فينـصح بعـدم اسـتعماله نظـرًا لحـدوث أعراض جانبية خطيرة جراء استعماله، (وهو غير موجود في الأسواق في الوقت الحالي).

وقد جربت أدوية أخرى، وأعطت نجاحات بنسب مختلفة مثل الكلونيدين (Clonidine)، والهالوبيريـدول (Haloperidol)، والـذي يعـرف تجاريًـا باسـم «الـسافيناز» (Safenace)، والبوسبيرون (Buspirone) الذي يعرف تجاريًا باسم «البوسبار» (Buspare).

ثانيًا: العلاج النفسي للطفل: ويتمثل في العلاجات التالية منفردة أو مجتمعة:

1- العلاج السلوكي: وذلك باستخدام مبدأ الثواب والعقاب مع الطفـل، مـما يـشجعه عـلى تغيير سلوكه، وأيضًا باستخدام تدريبات التحكم في الـذات وتنميـة ملاحظة الطفل لنفسه

وتوجيهها والتدريب على الاسترخاء.

2- العلاج النفسي الفردي التدعيمي: من خلال إقامة علاقة علاجية مـع المعـالج (الراشـد) الذي يفهم الطفل وصعوباته، ويساعد علـى تخطيها، ويساعده أيضًا على التكيف الصحي مع البيئة المحيطة.

3- العلاج المعرفي: من خلال برامج تعزز السيطرة على النفس بتعليم الطفل اسـتراتيجيات التوجيه الذاتي، وإدارة وتنظيم الـذات، والتغلـب علـى السـلوكيات المندفعة.

4- العلاج الجمعي: حيث يتعلم الطفل من خلال تواجده وسط مجموعة علاجية أن يركز انتبـاهـه هنـا والآن، وأن يعـدِّل مـن سـلوكياته حتـى يتكيـف مـع المجموعة، وينال فيها الرضا والقبول.

ثالثًا: العلاج الأسري:

كما رأينا فإنَّ الجو الأسري المضطرب يساهم في حدوث هـذه الحالـة، لـذلك وجب إعادة النظر في العلاقات داخل الأسرة بحيث تكون أكثر تفاهمًا وانسجامًا، وإعادة النظر في جو الأسرة؛ ليكون أكثر هدوءًا، وإعادة النظر في نظام البيت بحيث تقل عوامل الاستثارة والتشتت بداخله.

ونظرًا لما يحدثه ذلك الاضطراب مـن حالـة فوضى وإحباط داخـل الأسرة؛ فـإنَّ الوالـدين يحتاجان لدعم نفسي، ولفهم طبيعة المرض، وكيفية علاجه، وهذا يساعدهم كثيرًا علـى تحمـل الطفل القدرة على مساعدته، ويقلل من المشاعر العدوانية المتبادلة بينه وبينهما.

وربما يحتاج المدرس في المدرسة أيضًا لإيضاح موقف الطفل وسبل

مساعدته، وكثيرًا ما يسأل الوالدان: كيف نتعامل مع هذا الطفل المزعج؟ والإجابة بـشكل عام هي:

1- أن يكون مبدأ الثواب والعقاب قائمًا وواضحًا داخل الأسرة والمدرسة.

2- أن تكون معالم الخطأ والصواب واضحة ومحددة أمام الطفل.

3- أن نتعامل مع الطفل بطريقة «الحزم الطيـب»؛ فهـؤلاء الأطفـال مـن حقهـم علينـا أن نلملم تشتتهم، ونقلل من اندفاعاتهم بوجودنا معهم وبينهم وحـولهم بـشكل مـساند وغير مستفز.

4- ولا نحرم هذا الطفل من كلمة ثناء على أي شيء إيجـابي يفعلـه، ولو بـسيط؛ لأن هـذا الطفل قد تعوَّد على أن أفعاله دائمًا تثير الـسخط والغـضب، فهـو محـروم مـن نظـرة الرضا ومن كلمة الثناء، ولذلك تزداد عدوانيته، وتصبح طريقة التواصل الوحيدة مـع مَنْ حوله قائمةً على الاستفزاز والإثارة.

5- ولا ينسى الأبوين أنه طالما كان بالإمكان ترويض الحيوانات المفترسة كالأسود، وتعويدها على سلوكيات مرغوبة؛ فإنه من باب أولى أن يكون ذلك ممكنًا مـع طفليهما، بـبذل الجهد المخلص على الطريق الصحيح.

6- عدم مقارنة هذا الطفل ببقية إخوانه أو أقرانه حتى لا تزيد عدوانيته ويزيد استفزازه.

7- إتاحة الفرصة لاستخدام كل الخطط والوسائل العلاجية المقترحة من المعالج المتخصص على اعتبار أن هذه الحالة مرض له علاج، وليس مجرد سوء أدب مـن الطفـل أو سـوء تربية من والديه.

8- إتاحة الفرصة لخروج الطاقة الزائدة لدى الطفل من خلال وجوده في

مساحات مفتوحة (كالأندية مثلاً)، أو توجيه هذه الطاقة في أعمال إيجابيـة يكافـأ الطفـل على القيام بها.

9- الحرص على وجود ملاعب وحدائق بالمدارس تنصرف فيها الطاقة الزائدة للأطفـال، وألا تكون المدارس عبارة عن صناديق مغلقة تقيد حركة الطفل لوقت طويل.

المآل (Prognosis):

لا توجد دراسات كافية توضح مآل هذا المرض حتـى الآن، وربمـا يرجـع الـسبب إلى نقـص الدراسات التتبعية طويلة الأمد؛ لـذلك نعتمـد في تقـديرنا للـمآل عـلى الملاحظـات الإكلينيكيـة، والتي يتضح من خلالها أن نسبة من هؤلاء الأطفال يتحسنون بشكل تلقائي في فترة المراهقـة أو الشباب المبكر، ولكن تبقى نسبة غير قليلة تعاني من الاضطراب في بقية مراحل حياتها، ويـؤدي هذا إلى ضعف إنجازهم الدراسي والعملي، وإلى اضطراب علاقاتهم بمن حولهم لدرجة ربما تصل إلى اضطراب في الشخصية، والعلاج بكلِّ أشكاله يجعل المآل يأخذ مسارًا إيجابيًا، ويقلل كثيراً من مضاعفات المرض.

* * *

اضطراب السلوك
Conduct Disorder

تعريفه: هو النمط المتكرر والثابت مـن السـلوك الـذي تنتهك فيه الحقـوق الأسـاسـية للآخرين، أو الخروج على الأعراف والقوانين الاجتماعية بـشكل خطـير، ولكـي يكون لهذا الاضطراب قيمة تشخيصية، فيجب أن يـستمر لمـدة لا تقـل عـن ستة شهور.

معدل الانتشار: تتفاوت النسبة بين الذكور والإناث، حيـث يوجد هـذا الاضطراب بنسبة 16% من الأولاد، وبنسبة 9.2% من الإناث تحت سن 18 سنة.

وتزيد نسبة حدوثه في الأطفال الذين يولـدون لآبـاء لـديهم اضطراب الشخصية المعـادي للمجتمع أو المدمنين، وتزيد النسبة أكثر في المجتمعات المزدحمة والفقيرة.

⬛ الأسباب:

لا يوجد سبب واحد مسئول عن اضطراب السلوك، وإنما تتضافر عدة أسباب، نـذكر منهـا ما يلي:

1- عوامل والديه: يلعب الوالدان دورًا هامًا في تحديـد صـفات وسـلوكيات أبنائهم سـواء بقصد أو بدون قصد، وحين تسير الأمور داخل الأسرة بـشكل عـشوائي، وتغيـب قيمـة الـصواب والخطأ، والثواب والعقاب، وتصبح الأمور شديدة الغموض بالنسبة للوالدين والطفل؛ فإنَّ هـذه البيئة المضطربة تكون تربة خصبة لاضطراب السلوك.. يضاف إلى ذلك وجود خلل نفسي في أحد الوالدين أو كليهما مثل اضطرابات الشخصية أو الإدمان أو المرض النفسي

عمومًا، وفي هذا الجو يمكن أن يعاني الطفل من الإهمال أو الانتهاك النفسي أو الجسدي أو الجنسي.. وإذا كان الأبوان منفصلين فعلاً أو مجازًا؛ فإن ذلك يضع الطفل في صراع بين رغباتهما المتناقضة، ويؤدي إلى مشاعر مؤلمة وإحباطات وغضب شديد يعبر عنها جميعًا بالسلوك المضطرب.

2- عوامل اجتماعية بيئية: فالأطفال الذين ينشئون في بيئات فقيرة محرومة من الاحتياجات الأساسية، ومليئة بالسلوكيات المضطربة كالعدوان وتعاطي المخدرات، يصبحون أكثر عرضة لاضطرابات السلوك.

3- عوامل نفسية: مثل:

- اضطراب علاقة الطفل بالأم كأن تكون الأم قاسية أو غير قادرة على إشباع حاجات الطفل البيولوجية والنفسية.
- سيطرة شخصية الأم أو غياب الأب: فكما يقولون في الحكمة: «الرجل لا يربيه إلا رجل»؛ لأن الطفل لكي ينمو سويًا فلا بدَّ وأن يكون أمامه نموذجًا للرجل السوي ممثلاً في أبيه، لذلك فالأطفال الذين يعانون من غياب آبائهم نتيجة للسفر أو العمل لمدة طويلة، ربما يكونون عرضة لاضطراب السلوك أكثر من غيرهم.
- الشعور بالإحباط: فالطفل الذي يشعر أنه فاشل، وأنه لا يستطيع تحقيق آماله وأحلامه نظرًا لصعوبات كثيرة في نفسه (كضعف إمكانياته وملكاته الجسمانية أو النفسية) أو في الأسرة التي لا تسمح له بالتعبير عن نفسه، فإنه يلجأ إلى السلوكيات العدوانية كتعويض وكنوع من إثبات الذات ومعاقبة الآخرين الذين أحبطوه.

4- استباحة الأطفال وسوء معاملتهم: فالأطفال الذين تعرضوا للإيذاء الجسدي أو الجنسي لفترات طويلة يكونون أقرب لاضطرابات السلوك، وخاصة

إذا كان الطفل غير قادر على التعبير اللفظي عن معاناته حينئذ لا تكون هناك وسيلة للتعبير عن غضبه غير العنف الجسدي.

5- عوامل بيولوجية عصبية: كالوراثة مثلاً بأن يرث الطفل اضطراب السلوك من أحد أبويه، أو شذوذ الجينات (XXY, XYY) أو اضطراب وظائف المخ بسبب إصابة أو التهاب أو اضطراب في الناقلات العصبية مثل نقص النورأدرينالين، وزيادة السيروتونين في الدم.

الخصائص التشخيصية لاضطرابات السلوك كما وردت في الدليل التشخيصي والإحصائي الرابع DSMIV:

أ- نمط متكرر وثابت من السلوك الذي تنتهك فيه الحقوق الأساسية للآخرين، أو انتهاك خطير للأعراف والقواعد الاجتماعية، ويتضح هذا بوجود ثلاثة أو أكثر من الخصائص التالية في السنة الأخيرة، مع وجود خاصية واحدة على الأقل في الشهور الستة الأخيرة:

- العنف ضد البشر والحيوانات:

1- غالبًا يتنمر على الآخرين أو يهددهم أو يرهبهم.

2- غالبًا يبدأ عراكات جسدية.

3- يستخدم أسلحة يمكن أن تسبب أذى جسديًا للآخرين (مثل المطواة أو الزجاجات المكسورة أو الأسلحة النارية... إلخ).

4- يتعامل مع الناس بقسوة جسدية.

5- يتعامل مع الحيوانات بقسوة جسدية.

6- يسرق في مواجهات مع الضحايا (مثل النتش أو السرقة تحت تهديد السلاح أو السطو المسلح).

7- إكراه آخر على مواقعته جنسيًا.

⏺ تدمير الممتلكات:

8- تورط في إشعال حريق بقصد الإضرار الخطير.

9- تدمير ممتلكات الآخرين بطريقة أخرى غير إشعال الحريق.

⏺ النصب أو السرقة:

10- التهجم بالكسر على منازل الآخرين أو سياراتهم.

11- غالبًا يكذب ويخدع الآخرين للحصول على مطالبه.

12- قام بسرقات دون مواجهات مع الضحايا.

⏺ الانتهاك الخطير للقوانين:

13- غالبًا يتأخر خارج البيت ليلاً دون اعتبار لأوامر الوالدين.

14- تكرار مبيته خارج البيت مرتين على الأقل برغم رفض الوالدين لذلك.

15- غالبًا يهرب من المدرسة.

ب- واضطراب السلوك الموصوف آنفًا يسبب خللاً إكلينيكيا واضحًا في الوظائف الاجتماعية أو المدرسية أو الوظيفية.

ج- إذا كان الشخص عمره ثمانية عشر عامًا أو أكثر؛ فإنَّ المواصفات لا تتفق مـع اضطراب الشخصية المضادة للمجتمع.

ويمكن تصنيف الاضطراب طبقًا للسن كالتالي:

1- النوع ذو البداية في سن الطفولة: قبل سن 10 سنوات.

2- النوع ذو البداية في المراهقة: بعد سن 10 سنوات.

ويمكن تصنيف الاضطراب حسب شدته إلى:

1- اضطراب سلوك بدرجة خفيفة: حيث توجد مشاكل سلوكية قليلة تفي بالتشخيص، ولكنها تسبب أذى بسيطًا للآخرين.

2- اضطراب سلوك بدرجة متوسطة: حيث تكون شدة المشكلات السلوكية بين الشديدة والخفيفة.

3- اضطراب سلوك شديد الدرجة: حيث توجد مشاكل سلوكية عديدة، وتسبب إيذاءً شديدًا للآخرين، مثل الإصابات الجسمانية الخطيرة للضحايا أو الانتهاكات الشديدة للقوانين أو السرقات الكبيرة، والغياب الطويل عن البيت.

التشخيص الفارق:

يجب أن نفرق اضطراب السلوك من الاضطرابات التالية:

1- اضطراب العناد الشارد: حيث لا يحدث فيه انتهاكات خطيرة لحقوق الآخرين، ولا لقيم المجتمع وقوانينه وأعرافه.

2- اضطرابات المزاج: وتظهر فيها بوضوح أعراض الهوس أو الاكتئاب، وغالبًا ما تكون في صورة نوبات يتخللها فترات سلوك طبيعي.

3- اضطراب ضعف الانتباه فرط الحركة.

المآل (مصير اضطراب السلوك):

غالبًا ما يسأل الوالدان: ما هو مصير طفلنا الذي تظهر عليه علامات اضطراب السلوك؟ هل سيتحسَّن مع الكبر؟ أم أنه سيصبح حين يكبر - في عداد المجرمين؟ والإجابة هي أن الحالات التي تظهر اضطرابًا شديدًا في السلوك ستكون عرضة حين تكبر لاضطرابات المزاج، وللوقوع في دائرة الإدمان، وإذا

وجد اضطراب السلوك، وكان معه تاريخ عائلي للسلوك الإجرامي؛ فإنَّ الطفل يصبح مهيئًا لاضطراب الشخصية المضاد للمجتمع.

أما في الحالات البسيطة والمتوسطة وغير المصحوبة باضطرابات نفسية أو خلل في القدرات العقلية، فإن مآلها يكون مشجعًا خاصةً إذا انتبهت الأسرة لمشكلات الطفل، وبادرت إلى التماسك والتكاتف لحلها خاصةً في وجود الأب ووجود حالة من الدفء العاطفي داخل الأسرة، ووجود حالة من الحبِّ يعيشها الابن أو البنت مع شخص مهم في حياته (الأب - الأم - المدرس - الأخصائي النفسي أو الاجتماعي- المرشد الديني).

وفي بعض الأبحاث وجد أن 75% من هؤلاء الأطفال يتحسنون بعد بلوغ سن العشرين في حين أن 25% يستمر اضطرابهم، ويتحول إلى سلوك مضاد للمجتمع.

العـــــلاج:

لا شكَّ أن علاج اضطراب السلوك سيكون متعدد المستويات ومتعدد العناصر، ويحتاج لفريق متعدد التخصصات حيث إن المشكلة كما رأينا متعددة المستويات (بيولوجية ونفسية واجتماعية)، وبالتالي فلا يوجد تدخل علاجي واحد حاسم في هذا الموضوع، وإنما كل تدخل سوف يصلح جزءًا من هذا الاضطراب المتعدد.

وبالإضافة إلى تعددية الوسائل العلاجية نحتاج إلى سياسة النفس الطويل والصبر الجميل من المعالجين ومن الأسرة؛ لأن تغيير السلوك المضطرب لا يتم بسرعة، وإنما يحتاج لمراحل تدريجية مناسبة.

1- العلاج الوقائي: ويشمل النقاط التالية:

1- تجنب العوامل المؤدية إلى هذا الاضطراب، (والتي ذكرت سلفًا) كلما أمكن ذلك.

2- الحرص على أن تكون التركيبة الأسرية والاجتماعية راسخة ومرنة في نفس الوقت، مـما يعطي معالم واضحة للأدوار الاجتماعية للأب والأم والمدرس، وعالم الدين... إلخ.

3- وضوح قواعد الثواب والعقاب، والصواب والخطأ في البيئة التي يعيش فيها الطفل؛ فهذا يساعد على أن يبني الطفل توقعات مفهومة لسلوكه، فيضبط هذا السلوك.

4- الحرص على أن يكون جـو الأسرة متسمًا بالأمان والاستقرار والحب والـسماح؛ فهذا يساعد على تكوين صورة إيجابية للحياة لـدى الطفل، ويرسـخ في نفسه معتقدات ومشاعر إيجابية.

5- توافر القدوة الصالحة في حيـاة الطفل خاصة الوالـدين والمدرسـين والرمـوز الدينيـة والاجتماعية.

6- تفهم احتياجات الطفل البيولوجيـة والنفسية والاجتماعيـة، ومحاولـة إشباعها بـشكل متوازن لا يصل إلى حدِّ التخمة، ولا يصل إلى حدِّ الحرمان.

7- عقد ندوات تدريبية وورش عمل للوالدين والمدرسـين، وكل مـن يتعامـل مـع الأطفـال والمراهقين، حيث إن كثيرًا من هؤلاء ليست لديهم تصورات واضحة عن كيفية تربيـة الطفل بشكل صحيح، وهو ما يعرف بـ «الأمية التربوية».

8- معاملة كل طفل حسب إمكانياته وقدراته، وعدم مقارنته ببقية أقرانه حتـى لا يـشعر بالعجز والدونية والإحباط، وبالتالي يصبح غاضبًا وعنيدًا وعنيفًا.

9- إعطاء الفرصة كاملة للطفل للتعبير عن نفسه وعن قدراته دون قهر أو

إلغاء لإرادته أو اختياره؛ فالتربية الصحيحة ليست إلغاءً لإرادة الطفل أو اختياره، وإنما هي تدعيم للخيارات الصحيحة، ومحاولة توعية وتنبيه تجاه الخيارات الخاطئة، فالإنسان ميَّزه الله تعالى بالإرادة والاختيار، ولا بدَّ وأن يسمح له أن يكون مريدًا مختارًا حتى في مراحل الطفولة المبكرة؛ لأننا لا نتصور انتزاع ذلك منه حتى يكبر، ولو فعلنا ذلك قسرًا؛ فإن الطفل إما أن يدخل في عناد معنا فيضطرب سلوكه، أو يلغي إرادته واختياره لصالحنا، ولا يستطيع استعادتها بعد أن يكبر، وبهذا يصير اعتماديًا عديم الإرادة.

ولنا في قصة سيدنا نوح عليه السلام مع ابنه عبرة بالغة، فقد نادى نوح ابنه قائلاً: "يَا بُنَيَّ ارْكَبْ مَعَنَا" [هود: 42]، فرفض الابن هذا النداء، وقرَّر أنه سيأوي لجبل يعصمه من الماء، فوضح له الأب المشفق عليه والعالم بمصيره أن "لا عَاصِمَ الْيَوْمَ مِنْ أَمْرِ اللَّهِ"، ولكن الابن أصر على خياره، فسلَّم الأب أمره لله، ولم يحاول أن يدفعه للركوب في السفينة قهرًا؛ لأنه لو فعل يكون قد ألغى إرادة ابنه واختياره، وهذا ما لم يقدره الله تعالى للبشر مهما كانت خياراتهم، فللبشر حدود يقفون عندها، و الله هو وحده القادر على كل شيء، "إِنَّكَ لاَ تَهْدِي مَنْ أَحْبَبْتَ وَلَكِنَّ اللَّهَ يَهْدِي مَن يَشَاءُ" [القصص:56].

وكثير من الآباء والأمهات يدخلون في صراع مرير مع الأبناء بهدف تغيير إرادتهم أو خياراتهم، وهم يعتقدون أنهم لا بدَّ وأن يفعلوا ذلك طوال الوقت؛ ليكونوا مطبقين قول الرسول صلى الله عليه وسلم: «كلكم راع وكلكم مسئول عن رعيته»، فهم يعتقدون أنهم مكلفين بهداية أبنائهم، وهم فعلاً مكلفين بذلك، ولكن هناك - كما يقول الفقهاء - نوعين من الهداية - النوع الأول: وهو هداية التبليغ (أي: الدعوة والنصح والإرشاد والتعليم... إلخ)، وهذه يستطيع البشر أن يقوموا بها، وقد بدأها الأنبياء، ويكمِّل مسيرتهم العلماء والمدرسون والآباء والمربون

عمومًا، أما النوع الثاني؛ فهو هداية الفعل، وهذه لا يملكها إلا الله الذي أعطى للإنسان حرية الاختيار وحرية الفعل ثم يحاسبه بعد ذلك.

ليس معنى هذا أننا ندعو الآباء والأمهات لأن يتركوا الحبل على الغارب لأبنائهم، ولكننا ندعو إلى الحزم الطيب، وإلى المعاملة الحسنة والقدوة الحسنة التي يحبها الطفل عن اختيار منه، وليس عن قهر يعانده.

10- ومن أهم أساليب العلاج الوقائي أن يكون للأسرة، (وكذلك للمجتمع) مرجعية تربوية واضحة لما هو صحيح أو خطأ، ولما هو حلال أو حرام، وأن يكون مبدأ الثواب والعقاب قائمًا (دونما إفراط أو تفريط)، وبذلك يتعلم الطفل القانون الأخلاقي، ويصبح هذا القانون جزءًا من ذاته يحكم سلوكه بآلية داخلية، فلا يحتاج طول الوقت لتعديل سلوكه من الخارج، ولكي يحدث استدماج للقانون الديني أو الأخلاقي في شخصية الطفل فلا بدَّ أن يحبَّ الطفل هذا القانون من خلال حبه للمربي، فإذا لم يستطيع الطفل أن يحبَّ المربي (الأب أو الأم أو المدرس أو عالم الدين)، فإنه يرفض هذا القانون، ويعتبره شيئًا خارجيًا مفروضًا عليه، فيقاومه وينتهكه كلما استطاع ذلك.

11- تهيئة المناخ المدرسي لكي يدعم الصفات الإيجابية ويثبط الصفات السلبية.

2- علاج الحالات المرضية:

* علاج نفسي واجتماعي: ويمكن أن يأخذ أحد الصور التالية أو كلها:

1- إرشاد وتعليم للوالدين حول الأساليب التربوية الصحيحة وكيفية مواجهة المشكلات النفسية لأطفالهم المضطربين.

2- علاج نفسي فردي للطفل، وهو إما أن يأخذ مسارًا سلوكيًا بأن يوضع

الطفل في وسط علاجي يدعم فيه الجوانب الإيجابية من خلال نظام التشجيع المعنوي والمكافآت، ويضعف الجوانب السلبية من خلال نظام الحرمان من بعض المزايا أو التعرض لبعض العقوبات العلاجية، أو يأخذ مسارًا معرفيًا بأن يتم تصحيح الأفكار والتصورات الخاطئة التي يبني عليها الطفل سلوكياته المضطربة، أو يأخذ مسارًا للتدريب على المهارات الاجتماعية الصحيحة التي يحتاجها الطفل للتعامل الصحي مع البيئة المحيطة به.

3- علاج أسري، حيث تدخل الأسرة بأكملها في العلاج على اعتبار أن اضطراب سلوك الطفل يعكس اضطرابًا في الأسرة ككل، وأنه لا يمكن إصلاح اضطراب سلوك الطفل إلا بإصلاح المصدر الأساسي لاضطرابه وهو الأسرة، ويتم هذا من خلال جلسات متعددة للعلاج الأسري يقوم بها معالج متخصص في العلاج الأسري.

4- علاج نفسي جماعي للطفل وسط مجموعة من الأطفال أو الوالدين مع آخرين لديهم مشكلات مشابهة مع أبنائهم، وهذا العلاج يستخدم آليات وتقنيات كثيرة للتغيير من خلال ضغط المجموعة لتغيير السلوكيات المرضية.

5- العلاج المؤسسي، وذلك بانتزاع الطفل من البيئة المضطربة التي يعيش فيها، ويتعلم فيها السلوكيات المرضية، ووضعه في بيئة علاجية لبعض الوقت من اليوم أو طوال الوقت حيث تتاح له فرصة لتعلم مهارات اجتماعية وحياتية صحية.

علاج بالعقاقير:

كان من المعتقد قبل ذلك أن العقاقير ليس لها دور في تغيير السلوكيات المضطربة، ولكن الأبحاث والدراسات في السنوات الأخيرة شجعت استخدامها للسيطرة على الكثير من الأعراض المزعجة مثل العنف والاندفاع وكثرة الحركة،

ومما زاد من احتمالات الاستفادة من العقاقير أن هناك نسبة غير قليلة من الأطفال المضطربي السلوك يعانون من حالات اكتئاب أو قلق، وغالبًا ما يعبر الطفل عن اكتئابه وقلقه في صورة اضطرابات سلوكية، ولذلك تلعب مضادات الاكتئاب والقلق دورًا في مثل هذه الحالات.

وحاليًا تستخدم مضادات الذهان في علاج السلوك العدواني والأمثلة على ذلك:

الهالوبيريدول (السافيناز)، والريسبيريدون (ريسبيريدال، أبيكسويدون، زيسبيرون، سيكودال).

ويستخدم الليثيوم (بريانيل) لعلاج العنف عند الأطفال سواء كان ذلك ضمن منظومة الاضطراب الوجداني ثنائي القطب أو خارجها.

وهناك بعض الدراسات التي تقترح استخدام الكاربامازيبينن (تيجريتول) للسيطرة على نوبات العنف أو السلوك المضطرب عمومًا خاصةً إذا كان يحدث على شكل نوبات، وتستخدم مضادات الاكتئاب ثلاثية الحلقات أو مانعات استرداد السيروتين النوعية SSRIS (ماسا) لعلاج حالات الاكتئاب، وبالتالي تتحسن اضطرابات السلوك الناتجة عنها، وتستخدم أيضًا مضادات القلق وخاصةً بوسبيرون (بوسبار) لعلاج القلق، وما يصاحبه من اضطرابات سلوكية.

* * *

السلوك العدواني

تعريفه:

هو تعمد إيذاء شخص آخر بشكل مباشر أو غير مباشر على غير رضا منه.

أشكاله:

1- العدوان اللفظي: ويشمل السب والشتم والألفاظ النابية والجارحة والسخرية والاستهزاء مـن الغـير، وإطـلاق النكـات والتهديـدات للغـير والصياح... إلخ.

2- العدوان الجسدي: ويشمل الـضرب والعـض والخربشة، وربما يـصل إلى إصابات جسدية خطيرة أو إلى القتل، وهو يقع من شخص (المعتدي) على شخص آخر (المعتدى عليه).

3- الشجار (العراك): وهو عبـارة عـن نقـاش أو جـدال غاضـب ومستفز بـين شخـصين، أي أنـه فعـل مـشترك بـين الاثـنين، عـلى عكـس العدوان الذي يأخذ فيه المعتدي الدور الأساسي.

4- المضايقة والتنمر على الغير (Teasing And Bullying) وهي أفعال عدوانية تهدف إلى استثارة شخص ومضايقته والتلذذ بذلك، وربما ينتهـي الأمـر إلى الشجار أو عدوان أحد الطـرفين عـلى الآخر، والمـضايقة والتنمر يشملان السخرية من آخر لإغضابه أو التهكم عليه، وشد الشعر أو الملابس أو القرص.

5- العدوان السلبي (Passive aggression): هـو الإهـمال والـسلبية والمكايـدة والـصمت والتجاهل، وكلها سلوكيات مستفزة للطرف الآخـر، وتجعلـه في حالة إحباط وغضب.

أسباب السلوك العدواني:

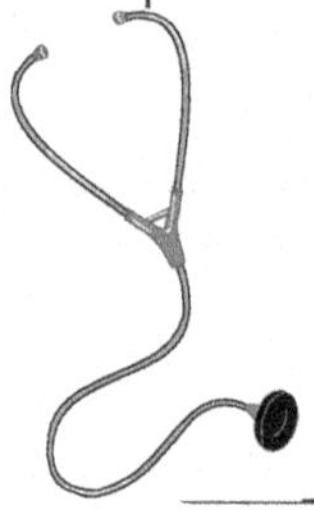

السلوك العدواني يمكن أن نـشاهده في عـدد كبـير مـن الاضـطرابات العـضوية أو النفـسية أو حتـى في الأصحاء تحت ضغوط معينة، لذلك فأسبابه متعددة ومتشعبة، ولكننا نذكر منها ما يلي:

1- ضعف القدرات العقلية: وهذا يجعل الطفل غير قادر على التكيف مع البيئة المحيطة به، فيصبح محبطًا وغاضبًا وعدوانيًا، خاصةً إذا كانت البيئة تحمله أشياء لا يستطيع القيام بهـا، وكمثال لذلك الطفل الـذي يعـاني مـن التخلـف العقلـي المتوسـط أو البـسيط، وضعه أبـواه في مدرسة عادية، فوجد نفسه غير قادر على فهم الدروس وعمل الواجبات؛ لـذلك نجده يـضرب زملاءه في الفصل، ويعتدي على إخوته في البيت، ويهرب مـن المدرسـة، والطفـل ذو القـدرات العقليـة المحدودة لا يستطيع حل المشكلات التي تواجهه بصورة اجتماعية مقبولة؛ لأن خياراتـه تكون محـدودة لذلك يلجأ إلى استخدام يديه (وأحيانًا رجليه) لحلِّ مشكلة.

2- ضعف الانتباه زيادة الحركة: هذا الاضطراب يجعل الطفل في حالة اضطراب وصراع مع المحيطين به نتيجة نشاطه الزائد، وهو يقابل رفضهم له وضغوطهم عليه بسلوك عدواني.

3- الاضطرابات النفسية المختلفة: فالطفل كثيرًا ما يعبر عـن اضطراباته النفـسية كـالقلق والاكتئاب في صورة اضطراب في السلوك.

4- حالات الصرع: خاصة المصحوبة بإصابات في المخ.

5- طريقة التربية: فالعقاب الجسماني الشديد للطفل يجعله عدوانيًا بعد ذلك؛ لأنه يتعلم أن العقاب الجسدي هو الحل للمشاكل بين الناس، وهو شيء مشروع في التعامل، وعلى الجانب الآخر نجد أن التساهل من الوالدين تجاه سلوك الابن العدواني جعله يتمادى في ذلك السلوك، أي أن العقاب الشديد والتدليل الشديد يمكن أن يؤديا إلى سلوك عدواني.

6- الغيرة: فالطفل الذي يشعر بالغيرة من أخ له أو أخت ربما يعبر عن ذلك بإيذاء أخيه أو أخته، وربما يمتد عدوانه إلى والديه الذين يعتقد أنهما يظلمانه بتفضيل أخيه أو أخته عليه، والعدوان الناتج عن الغيرة إما أن يأخذ هذا الشكل الصريح الذي ذكرناه، أو يأخذ صورة العدوان السلبي؛ فنجد الطفل أو الطفلة أصبح سلبيًا متبلدًا لا يفعل شيئًا، عنيدًا لا يؤدي واجباته المدرسية، ولا يريد أن يذهب للمدرسة.

7- كثرة التعرض لمشاهدة العدوان: إما في البيئة التي يعيش فيها الطفل مثل الأماكن الشعبية والفقيرة والمزدحمة التي يكثر فيها السلوك العدواني بين الناس، أو مشاهدة الأفلام المليئة بالعنف والقتل والتدمير؛ ففي هذه الحالات يقلد الطفل مشاهد العدوان التي يراها، ويتوحد مع الشخصيات العدوانية، وفي نفس الوقت تقل حساسيته لآثار العدوان لا يهتز لمناظر القتل أو الإيذاء بالإضافة إلى تعلمه لوسائل وطرق جديدة لممارسة العدوان.

8- استمرار الإحباط لفترات الطويلة: فالإحباط يعتبر من أهم العوامل المسببة للعدوان؛ لذلك نجد السلوك العدواني منتشرًا بين أطفال الشوارع والطبقات الفقيرة المعدمة التي ليس لها حظ في التعليم أو الترفيه، ولا تأخذ حقها في الحياة الكريمة كبقية الأطفال.

9- جذب الانتباه والإثارة: فأحيانًا يقوم الطفل بالسلوك العدواني كنوع من الدراما لجذب انتباه الأب أو الأم حتى ولو تعرض الطفل للإيذاء.. وأحيانًا يكون العدوان استعراضًا لقوة الطفل خاصةً في الأطفال الذي يتمتعون ببنيان جسدي أقوى من أقرانهم.

10- الدفاع عن النفس: حيث يعيش الطفل في بيئة مهددة لا يشعر فيها بالأمان، ومن هنا تنشأ لديه ميول عدوانية لحماية نفسه.

التعامل مع الطفل العدواني:

أولاً: مطلوب أن نعرف بواعث هذا السلوك: هل هي اضطرابات عضوية بالمخ أم اضطرابات نفسية أم ظروف اجتماعية؟ ونحاول التعامل معها - حسب طبيعتها - بالعلاج الدوائي أو العلاج النفسي (أو كلاهما معًا) أو العلاج الاجتماعي.

ثانيًا: توفير جو ملائم للطفل يراعي قدراته، ويقلل إحباطاته وغضبه، ويعطيه شعورًا بالأمان والطمأنينة.

ثالثًا: تعليمه مهارات اجتماعية جديدة لمواجهة ضغوط الحياة بشكل متحضر ومقبول.

رابعًا: إعطاء القدوة من الوالدين والمدرسين والشخصيات المؤثرة في حياته أن التعامل مع الآخرين يتم بالاحترام والمودة والأخذ والعطاء، ولا يتم بالعنف والعدوان.

خامسًا: عدم التساهل أو التهاون إزاء السلوك العدواني، بل لا بدَّ وأن يعرف الطفل أن هناك عواقب دائمًا لسلوكه العدواني كما أن هناك مكافآت للسلوك المتحضر، وإذا قمنا بتأديب الطفل أو عقابه فيجب أن يتم ذلك بشكل صحي كما سنذكر فيما بعد في موضع التأديب والعقاب.

السرقـــــة

تعريف السرقة:

هي أن يأخذ الطفل شيئًا ليس من حقِّه.

مدى انتشار السرقة ومعناها لدى الطفل:

تعتبر السرقة من الأعراض الشائعة لدى الأطفال، والتي تؤدي إلى انزعاج شديد من الوالدين خوفًا من أن تصبح سلوكًا دائمًا لدى الطفل حين يكبر، وهي تؤدي إلى خلق جو من عدم الثقة في البيت، وتؤدي إلى أن يكون الطفل محل اتهام دائمًا مع أي شيء يفقد من المنزل، وربما يتعرض لعقاب شديد نتيجة لذلك بحقٍّ أو بغير حقٍّ.

والسرقة عند الأطفال ليست بالمعنى المتعارف عليه عند الكبار؛ فهي ليست بالضرورة سعيًا لامتلاك أشياء تخص الغير، وإنما في كثير من الأحيان تعبر عن احتياجات أو دوافع بسيطة، ولكنها تأخذ شكل السرقة، فالطفل حين يسرق يريد أن يبلِّغ رسالة إلى مَنْ يهمهم الأمر (غالبًا والديه) للاهتمام به أو الإحساس بمعاناته أو مساعدته، ولكنه يخطئ الطريق في إبلاغ الرسالة.

نظرية الاحتياجات وعلاقتها بالسرقة:

يجدر بنا لكي نفهم هذا السلوك جيدًا أن نعود لدراسة هرم الاحتياجات الذي حدده أبراهام ماسلو فوضع في قاعدته الحاجات الأساسية من مأكل ومشرب ومسكن وملبس وجنس، ثم بعد ذلك الإحساس بالأمن ثم الإحساس بالحبِّ ثم الحصول على التقدير الاجتماعي، وأخيرًا تحقيق الذات.

والطفل لكي ينمو بشكل صحي؛ فيجب أن تكون هناك درجة من الإشباع لهذه الحاجات بحيث لا يكون إشباعًا زائدًا لدرجة التخمة، ولا إشباعًا ناقصًا لدرجة الحرمان؛ لأن كلاً من الطرفين يؤديان إلى سلوكيات مضطربة.

دافع التملك عند الإنسان:

هو دافع أصيل في تكوين الإنسان بأن يكون له أشياء تخصه هو ويدافع عنها، وهذا الدافع له وظيفة إيجابية في الحياة حين يكون في حدوده المعقولة، وهذا الدافع تهذِّبه وتقوِّمه القيم الدينية والشرائع والقوانين حتى لا تحدث تعديات من أي إنسان على ملكية غيره، وإذا حدث هذا التعدي؛ فهو يعتبر ذنبًا في الإصلاح الديني يعاقب عليه الله، ويعتبر جرمًا في الاصطلاح القانوني يعاقب عليه المجتمع، ويظهر هذا الدافع الفطري بصورة تلقائية لدى الطفل في نهاية السنة الأولى من عمره، ويكبر معه بعد ذلك، فيعرف أن هذه ملابسه، وهذه لعبه، ويحرص على أن تكون له وحده دون غيره.

نمو مفهوم الملكية عند الطفل:

كما قلنا فإن الطفل يبدأ من نهاية السنة الأولى يتمسك بملكيته لأشيائه الخاصة به، ويمنع الآخرين من أخذها منه، وإذا حدث أن سلبه أحد شيئًا من

لعبه؛ فإنه يبكي يضرب بيديه ورجليه محاولاً استردادها، ومع هـذا فـإنَّ حـدود الملكيـة لا تكون واضحة لدى الطفل في سنوات عمره الأولى، فهو يريد أن يمتلك أي شيء يعجبه، ويستعين بوالديه للحصول على الأشياء التي يحبها، ولا يستطيع الحصول عليها، فإذا كبر قليلاً وأصبح هـو نفسه قادرًا على أخذها، فإنه لا يتردد في ذلك؛ إذ ليس عنده سببًا يمنعه من أن يأخـذ مـا يحبـه، وهنا يأتي دور التربية الأسرية التي تعلم الطفل بأسلوب بسيط يستوعبه عقله الصغير بأن هناك أشياء تخصه، وهناك أشياء تخص إخوته، ولا يصح أن يأخـذ ملابـس أخيـه أو أختـه أو لعبهما، وهم أيضًا لن يأخذوا منه شيئًا يخصه، وهنا تبدأ أولى دروس حدود الملكية والأمانة.

ولكي تترسخ هذه القيم في عقل الطفل ووجدانه؛ فيجب أن يكون لـه سريـره ودولابـه وملابسه التي لا يشاركه فيها أحد ولعبه الخاصة بـه، وفي نفس الوقـت الـذي يـتعلم فيـه الطفل معنى الملكية نعلِّمه أن هناك شيئًا اسمه الاستئذان، فإذا أحب مثلاً أن يلعب لبعض الوقت بالقطار الخاص بأخيه الأكبر، فيمكنه ذلك بعد أن يستأذن أخيه، ثم نعلِّمه أن هناك شيئًا عظيمًا اسمه الإيثار، وذلك بأن يعطي لأخيه بعض لعبه لكي يلعب بها بعض الوقت، وأن هناك خلقًا عظيمًا اسمه الأمانة، وهي تعني عـدم التعـدي عـلى أشـياء إخوتـه أو أبيـه وأمه أو رفاقه في اللعب، وأن الـلـه الذي خلقه وأحبه ومنحه والديـه، وكـل شيء في حياتـه يحبُّ هذه الأمانة، ويكره أن يأخذ أحدًا شيئًا ليس من حقِّه، وهـو يـراه حين يفعـل ذلـك حتى ولو لم يراه أحد آخر.

وهكذا تكون هناك فرصة في سن مبكر لإرساء هذه القواعد المهمة والأصيلة بشكل مبسط في سلوك الطفل، أما إذا فشلت هذه العملية التربوية؛ فإننا نواجه بمشكلات كثيرة ربمـا يـصعب حلها في السن الأكبر.

دوافع السرقة عند الأطفال:

لكلِّ حدث سرقة عند الأطفال دافع خاص يتوجب علينا دراسته بـشكل تفـصيلي، ولـذلك يصبح التعميم في هذه الحالات خطأ يؤدي إلى الفشل في معالجة هـذا الـسلوك بـشكل صـحي، وفيما يلي نماذج لبعض هذه الدوافع:

1- الجهل بحدود الملكية: إما بسبب صغر سـن الطفـل، أو بـسبب قـصور في التربيـة كـما ذكرنا من قبل أو نتيجة ضعف في القدرات العقلية.

2- الحرمان: وهو مرتبط بنظرية الاحتياجات التي أسلفنا الحـديث عنهـا، ويمكـن تقـسيم الحرمان الدافع إلى السرقة إلى نوعين:

* الحرمان المادي: مثل الطفل الذي يسرق أشياء يحتاجها، فمـثلاً الطعـام؛ لأنه جـائع، أو يسرق فاكهة من الثلاجة أو من البائع؛ لأنه يشتهيها، أو يسرق نقودًا من حقيبة والدتـه؛ لأنـه لا يأخذ مصروفًا مثل باقي زملائه، أو يسرق كراسة من أخيه؛ لأنه لا يملك كراسـة، ووالـده يـرفض شراء كراسة له، وهو يحتاج لأن يكتب الواجب حتى لا يتعرض للعقاب من مدرسيه.

* الحرمان المعنوي: كأن يكون محرومًا من الأمان بسبب انفصال والديه، أو محروم مـن الحبِّ بسبب تفضيل الوالدين لأخيه الأصغر أو فتاة محرومة من الحبِّ والتقدير بـسبب أنهـا غير جميلة، أو محرومة من الأم، وتعيش مع أبيها وزوجة أبيها التي تسيء معاملتها.. أي نـوع من هذا الحرمان المعنوي ربما يؤدي بالطفل إلى السرقة، وكأنـه يـستعيد الحبَّ المفقـود أو الأم المفقودة أو الاعتبار المفقود.

3- الكراهية والانتقام: حين يشعر الطفل أن والديه يعاملانه بقسوة، ويفضلان أحد إخوتـه عليه، فإن مشاعر الغضب والإحباط والكراهية تتراكم بداخله، وهو في نفس الوقـت لا يـستطيع الانتقام من والديه الذين يشعر بظلمهما؛ لذلك يلجأ إلى سرقة المـال مـن جيوب والـده أو مـن حقيبة أمه عقابًا.

لهما على ظلمهما الذي يشعر هو به، وربما تفعل ذلك فتاة في مدرسة تشعر بالكراهية للمدرسة والمدرسين والزميلات، وذلك بسبب ضعف مستواها الدراسي أو تدني مستواها الجمالي، حينئذ تلجأ إلى سرقة الكراسات والأقلام والنقود من حقائب زميلاتها.

4- الرغبة في الامتلاك: وهذا يحدث في حالة الطفل الأناني المدلل الذي لا يشبع؛ فعلى الرغم من أن والديه يوفران له كلَّ شيء إلا أنه يريد المزيد، لذلك تمتد يديه إلى مال أبيه أو أمه أو إخوته أو زملائه.

5- تغطية الشعور بالنقص: مثل فتاة أبوها موظف بسيط قرَّر أن يلحقها بمدرسة لغات، وغالبية زملائها من الطبقات الراقية، لذلك تشعر بالدونية تجاههن من ناحية ملابسهن أو مصروفهن، لذلك تلجأ للسرقة لتظهر أمامهن بمظهر لائق، تخفى خلفه إحساسها المؤلم بالفقر والاحتياج، أو طالب يأخذ مصروفًا صغيرًا، ويريد أن يخرج مع أصحابه للتنزه، ومصروفه لن يكفي لذلك، فتمتد يده للحصول على ما يسمح له بالتباهي والتفاخر أمام أصحابه، وربما يبادر هو بالإنفاق عليهم من المال الذي سرقه؛ ليعوِّض شعوره بالنقص بينهم، خاصةً إذا كان ضعيف البنيان، أو يعاني من صعوبات دراسية.

6- جذب الاهتمام: مثل حالة البنت الوسطى وقبلها ثلاث أخوات وبعدها ولدان، وهي تشعر أنها مهملة ومنسية وسط هذا العدد، فهي جاءت، وقد شبع الوالدان من البنات، ثم جاء بعدها ولدان، ففرح بهما أبويها، وصرفا اهتمامهما نحوهما؛ لذلك فهي تريد جذب انتباه الوالدين لها حتى ولو كان عن طريق العقاب، فهي تريد أن تكون في دائرة وعيهما حتى ولو عن طريق السرقة التي تؤدي إلى ضربها.

7- الإثارة: بعض الأطفال وخاصةً حين يقتربون من سن المراهقة يلجئون للسرقة كنوع من الإثارة، والفعل الدرامي والمغامرة، وربما يشجِّعهم على ذلك

ما يشاهدونه في برامج التليفزيون أو السينما من الخطط المثيرة التي يقوم بها اللصوص.

8- التمرد على السلطة: وهذا التمرد يقوم به الأطفال المتصفين بالعناد والسلوك العنيف؛ فهم لديهم رغبة قوية في الخروج على الأعراف والتقاليد والقيم، ويشعرون بالانتصار في حالة انتهاك حقوق الآخرين أو الخروج على القانون، وهذه الحالات ربما تكون بدايات لاضطراب الشخصية المعادي للمجتمع.

9- التقليد والمسايرة: حين ينشأ الطفل في بيئة يجد فيها رفقاء سوء، يقومون بفعل السرقة، وهناك شخص أكبر منهم يقودهم إلى هذا السلوك، ويخطط لهم؛ فإن الطفل خاصةً إذا كان اعتماديًا ومسايرًا لغيره – ينصاع لهذه المجموعات، وربما يصبح عضوًا في شبكات إجرامية بسبب استمراره في هذا السلوك، وتأثير هذه البيئة عليه.

10- هوس السرقة: وهي حالة مرضية، يسرق فيها الطفل أشياء لا يحتاجها، ولا قيمة لها عنده، ولكنه يسرق في شكل نوبات، وفي كلِّ نوبة يشعر بتوتر شديد قبل ارتكاب فعل السرقة، ولا يخف هذا التوتر إلا بعد تنفيذ السرقة، وربما يشعر بالندم بعد ذلك، ولكنه مع هذا يمارس هذا الفعل القهري مرات ومرات، وهذه الحالات تحتاج للعلاج الطبي والنفسي.

اعتبارات تشخيصية:

حين نواجه بحالات سرقة عند الأطفال يجب وضع العوامل التالية في الاعتبار:

1- عدم التسرع في إطلاق لقب السارق على الطفل.

2- تقييم مستوى ذكاء الطفل، ومدى معرفته بحدود الملكية.

3- هل فعل السرقة كان شيئًا عابرًا أم سلوكًا متكررًا؟

4- هل الطفل سرق تحت تأثير احتياجات بيولوجية أو نفسية؟

5- هل الطفل سرق تقليدًا لأحد أو تحت تأثير توجيه من أحد؟

6- ما هي الرسالة التي يريد أن يبلِّغها الطفل للكبار من خلال فعل السرقة؟

عوامل وقائية لمنع سلوك السرقة:

1- تنمية مفهوم الملكية والأمانة لدى الطفل من سن مبكر، وعلينا نحن الكبـار أن نكون قدوة له في ذلك؛ فلا ننتهك حدود ملكية غيره تحت أي ظرف من الظروف.

2- إشباع الحاجات البيولوجية والنفسية بدرجات معقولة، وذلـك بتـوفير المأكـل والمـشرب والملبس والأمان والحب والتقدير لأطفالنا، والتأكد مـن وقـت لآخـر مـن أن الإشباع كافيًا ومناسبًا للبيئة التي يعيشون فيها.

3- حين يقع الطفـل في خطـأ السـرقة؛ فعلى الوالدين أن يجلسا معـه، ويتفهما ظروف وملابسات هذا الفعل، ويتفهما دوافعه لذلك، ويعملان على تصحيح مـا يجـب تصحيحه، مع توضيح الأمـر للطفل، وإزالـة الغمـوض الحـادث في فهمه للأمـور، وتعريفه بأن هذا السلوك غير مقبـول دينيًا واجتماعيًا، وعليه أن يتفاداه بكلِّ مـا يستطيع، وأن يطلب المساعدة ممن حوله، وخصوصًا والديه عنـد تعريضه لمواقف صعبة تواجهه، مع التهديد بالعقاب في حالة تكرار السلوك، ويكون العقـاب مناسبًا للمرحلة العمرية التي يمرُّ بها الطفل.

4- عدم معايرة الطفل بفعل السرقة أمام إخوته أو أمـام زملائـه حتـى لا يـؤثِّر ذلك عـلى احترامه لذاته.

5- المرونة والتسامح في حالات السرقة العارضة على اعتبار أن هذا

السلوك قد مرَّ به أغلب الناس في سن الطفولة.

6- عدم الإلحاح على اعتراف الطفل بفعل السرقة، فذلك ربما يدفعه للكذب، فيصبح بذلك سارقًا وكاذبًا، وربما يستمر في هذا السلوك فيما بعد.

7- نتذكر دائمًا بأن الطفل لا يسرق من أحد يحبه.

🚓 العـــلاج:

حين تصبح السرقة سلوكًا متكررًا أو مزمنًا، وفشلت جهود الوالـدين لاحتوائه، فهنـا يجب عرض الطفل على طبيب نفسي أو أخصائي نفسي لدراسة الحالة، واكتشاف الاضـطرابات المرضية أو المشكلات التربوية الكامنة خلف هذا السلوك، وربما يحتاج الأمر إلى إجراء بعـض الاختبارات النفسية، مثل اختبارات الذكاء والاختبارات النفسية التي تقيس درجـات القلـق أو الاكتئـاب أو العدوان.

والعلاج ربما يكون في صورة إعطاء بعض الأدوية المناسـبة أو يكـون في صـورة عـلاج نفسي فردي أو علاج سلوكي أو علاج عائلي حسب مقتضيات الحالة.

* * *

الكـــــذب

تعريفه:

الإخبار عن الشيء بخلاف ما هو عليه في الواقع مع معرفة الشخص المتحدث بذلك.

وبمعنى آخر فالكذب هو عملية تزييف متعددة للواقع بقصد الغش والخداع.

ولقد قصدنا إيراد هذا التعريف لكي يسهل علينا التعريف على السلوك إنْ كان كذبًا فعـلاً أم شيئًا يشبه في ظاهرة الكذب، ولكنه في الحقيقة شيء آخر.

هل الكذب سلوك فطري أم مكتسب؟

لا يولد أحد كذابًا.. فالكذب سلوك مكتسب كما أن الصدق أيضًا سلـوك مكتـسب، أي أنه أولاً وأخيرًا يأتي من البيئة المحيطة بالطفل (الأسرة غالبًا).

هل للأسرة دور في تعليم أبنائها الكذب؟

بالتأكيد نعم... والأمثلة كالتالي:

1- إعطاء نماذج للكذب داخل الأسرة: «بابا غير موجود» ... «بابا نـائم» ... «أمـي لم تحـضر بعد»... «أخي ذهب إلى الدرس»... «لقد وعدتني بهدية حين أنجح، ولم تحضرها لي يا أبي».

2- الإصرار الشديد علـى الـصدق المطلـق في كـل صغيرة وكبيرة، وهـذا يـضطر الطفـل إلى الكذب؛ لتفادي قسوة ومبالغة الوالدين.

ما هو السن الذي نستطيع أن نصف السلوك بعده أنه كذب؟

غالبًا هو سن الخامسة، فقبل هذا السن لا يميز الطفل كثيرًا بين الحقيقة

والخيال؛ لذلك نظلمه إذا وصفناه بالكذب.

هل الكذب سلوك دائم أم أنه عرض طارئ يمكن تغييره؟

هذا يتوقف على البيئة المحيطة، فإذا دعمت الكذب لسنوات طويلة يصبح أحد سمات الشخص الأساسية، أما إذا كانت هناك محاولات جادة لتعديل هذا السلوك في وسط مناسب؛ فإن هذه الصفة يمكن تغييرها.

أنواع الكذب:

1- الكذب الخيالي:

وهو شائع في الطفولة المبكرة للأسباب التالية:

↳ عدم قدرة الطفل في السن المبكر (قبل الخامسة) للتفرقة بين الحقيقة والخيال.

↳ هناك الكثير من الألعاب التي يقوم بها الأطفال تتضمن نوعًا من التخيل والتأليف لأحداث غير حقيقة.

↳ التعبير عن أحلام الطفل وأمنياته؛ فهو يتمنى أن يشتري له والده دراجة يلعب بها، فيخبر أخاه بأن والده أحضر له الدراجة فعلاً، وإنها موجودة فوق السطوح.

↳ سماع الأطفال لحكايات أسطورية وخيالية من الآباء والأمهات والأجداد (حدوتة قبل النوم).

↳ ولا يجب أن نصف هذه التخيلات الطفولية بالكذب، ولا ننزعج منها، ولا نعتبرها جنوحًا أو ميلاً للكذب المرضي فيما بعد... ولكن فقط علينا كآباء وأمهات أن نربط الطفل من آن لآخر بعالم الواقع، وأن نخبره بأننا سعداء بتخيلاته، ومع هذا فنحن نعلم، وهو سيعلم معنا أنها نوع

من اللعب والتسلية، وأن ما يقوله الطفل ليس صدقًا، وليس كذبًا، وإنما هو نوع من التسلية أو المداعبة.

- وفي بعض الأحيان يكون هذا التخيل بذرة لموهبة قصصية أو فنية يتعهدها الآباء والأمهات بالرعاية.

2- الكذب الالتباسي:

هنا يلتبس الواقع بالحلم (سواء في النوم أو اليقظة) في عقل الطفل الصغير، فيختلط هذا بذاك في قصة بعضها حدث، وبعضها لم يحدث، ولكن الطفل يمزج هذا بذاك؛ ليشكل (حدوتة) منطقية يقبلها عقله الصغير فمثلاً: تذهب طفلة صغيرة إلى أمها، وتحكي لها كيف أن بواب العمارة أخذ منها لعبها ونقودها، وصفعها على وجهها حين كانت تلعب أمام العمارة، وربما تصدق الأم هذه الرواية من الطفلة خاصةً وأنها تعلم أن بواب العمارة رجل فظ، ويتوقع منه أن يفعل ذلك، ولكن في الحقيقة أن الطفلة قد رأت في منامها أن بواب العمارة، قد فعل ذلك، وبما أنها تخاف منه أيضًا في الواقع لفظاظته؛ لذلك قصت الحكاية لأمها على أنها حدثت فعلاً، والأم مالت لتصديقها؛ لأن شخصية البواب يمكن أن يتوقع منها ذلك السلوك، وهذا النوع يزول تدريجيًا مع تقدم الطفل في السن.

3- الكذب التعويضي:

يلجأ إليه الطفل حين يشعر بالنقص، وبأنه أقل ممن حوله، أو لكسب الإعجاب والإطراء من والديه خاصةً حين يفشل في الوصول إلى توقعاتهما في عمل شيء معين، فيلجأ إلى اختراع نجاحات كاذبة.

أمثلة لذلك:

- طفل في الصف الرابع الابتدائي ضعيف البنية قصير القامة يعاني من إيذاء زملائه له في المدرسة بسبب ذلك، وهو حين يعود إلى البيت يحكي لأبويه

كيف أنه استطاع وحده أن يضرب سبعة من زملائه الأشرار في الفصل حين حاولوا ضربه.

* طفل في الصف الخامس الابتدائي في مدرسة لغات، وهو ابن لموظف صغير في أحد الدواوين الحكومية في حين أن معظم زملائه من أبناء الطبقة العليا في المجتمع، وقد اعتاد هذا الطفل أن يحكي لزملائه عن الأملاك التي يمتلكها والده، وعن الوظائف المرموقة التي يحتلها أعمامه وأخواله في الدولة.

* فتاة في السنة الثانية الإعدادية سمراء اللون، نحيفة، لها أنف طويل، وعينان ضيقتان، وقد اعتادت هذه الفتاة أن تشكو في البيت وفي المدرسة من الصبية الأشقياء الذين يعاكسونها في التليفون، ويمشون وراءها إذا خرجت من البيت، ويكتبون لها خطابات غرامية.

وهذا النوع من الكذب يحتاج للاهتمام بالطفل، وتفهم احتياجاته النفسية ومشاعر النقص والدونية عنده، ومحاولة إيجاد طرق واقعية لتحقيق هذه الاحتياجات دون اللجوء للكذب، وإلا فسيتحول هذا النوع إلى كذب مزمن، وربما يتطور إلى محاولات خداع ونصب واحتيال في الكبر.

4- كذب الاستحواذ:

وهو يحدث للطفل الذي يعاني من قسوة والديه، ومن انعدام الثقة بينه وبينهما، ومن حرمانه من أشياء كثيرة يرغب في امتلاكها؛ لذلك يلجأ للكذب للحصول على أشياء كثيرة، فمثلاً يخبرهم بأن المدرس طلب منه مبلغ خمسة جنيهات لتجميل الفصل، أو أن مدرب كرة القدم طلب عشرين جنيهًا لإعطائه تدريبات إضافية أو تأتي فتاة لتقول: أن مديرة المدرسة طلبت من كلِّ الطالبات أن يشترين حذاءًا أسود بمواصفات معينة (ترغب فيها الفتاة).

فالطفل حين يفقد الثقة في البيئة المحيطة به، ويشعر بالحرمان ربما يميل إلى

هذا النوع من الكذب؛ لامتلاك أكبر قدر من الأشياء التي يرغب فيها.

وهذا النوع من الكذب يحتاج للاقتراب وجدانيًا من الطفل، وإشعاره بالثقة والأمان، وتفهم احتياجاته حتى لا يضطر للاحتيال للحصول عليها.

5- كذب المحاكاة (التقليد):

حيث يقلِّد الطفل أحد والديه في المبالغة عند الحديث، فمثلاً نجد الأب يصف حادث سيارة، فيبالغ بشكل درامي في وصف الأهوال التي رآها في هذا الحادث، ويبالغ في وصف دوره البطولي في إنقاذ المصابين، وكيف أنه استطاع أن يمنع كارثة محققة بسلوكه الشجاع، علمًا بأن الطفل كان حاضرًا لهذا الحادث، ورأى أن والده لم يكن له مثلاً هذا الدور في الحادث.

أو يكذب الأطفال؛ لأنهم اعتادوا أن الكذب سلوك مقبول في الأسرة، فمثلاً تأخذ الأم طفلها على أنهما ذاهبين لفسحة، ثم يكتشف أنها خدعته، وأخذته لطبيب الأسنان أو وعده الأب بشراء هدية، ولم يفي بوعده.

6- الكذب لجذب الانتباه:

هذا النوع يلجأ إليه نوعان من الأطفال:

- الطفل الأناني المدلل الذي يريد أن يظلَّ موضع اهتمام والديه طول الوقت؛ لذلك فهو يكذب لجذب انتباههما حتى ولو كان سيؤدي إلى غضبهما منه، فالمهم أن يكون موضوع الاهتمام.

- الطفل المهمل المنبوذ الذي يريد أن يحصل على انتباه والديه الغافلين عنه؛ نظرًا لانشغالهم بإخوته أو بمشاكلهم اليومية، فلا يجد وسيلة في نظره إلا الكذب لإحداث حالة من التوتر تعيد إليه اهتمام والديه.

7- كذب الكراهية والانتقام:

الدافع إلى هذا النوع من الكذب هو مشاعر الحقد والغيرة والكراهية، والرغبة في الانتقام، وهذا النوع شائع بين الأخوة في الأسرة حيث يأتي طفل إلى أبيه (أو أمه)، ويشتكي إليه بأن أخيه اعتاد أن يسرق نقودًا من حقيبة أمه، أو تأتي فتاة، وتحكي لأمها كيف أن أخيها الذي يكبرها يعاكس الفتيات في الشارع.

ويحدث أيضًا في المدارس؛ فمثلاً تتهم فتاة زميلها الذي تكرهه بأنه حاول معاكستها، وهي في الحقيقة تكرهه؛ لعدم اهتمامه به، أو تجاهله إياها، وربما تدَّعي كذبًا بأنه أرسل لها خطابات غرامية، وغالبًا يكون هذا النوع من الكذب بسبب إحساس الطفل أنه مظلوم من والديه أو مدرسيه أو لغيرته من أقرانه، وإحساسه بأنه أقل منهم حظًّا واهتمامًا.

* وهذا النوع من الكذب يحدث مشاكل كثيرة داخل الأسرة وداخل المجتمع، ويؤدي إلى توقيع عقوبات على أشخاص أبرياء، ولذلك يجب الانتباه له، ومعالجته في نطاق الأسرة والمدرسة إنْ أمكن بتفهم دوافعه، وإذا فشل ذلك فيجب إحالة الطفل أو الطفلة إلى أخصائي نفسي أو طبيب نفسي.

8- كذب الخوف من العقاب (الكذب الدفاعي):

هذا النوع من الكذب يشكل حوالي 70% من الكذب عند الأطفال خاصةً فوق سن السادسة، وهو بذلك يعتبر من أكثر أنواع الكذب شيوعًا.

وهو يحدث حين يسود نظام عقابي صارم وشديد في الأسرة أو المدرسة أو المجتمع، فيلجأ الطفل إلى الكذب خوفًا من التعرض للعقاب، وربما يلقى بالتهمة الموجهة إليه إلى شخص آخر بريء، فيصبح الكذب مزدوجًا حيث ينفي التهمة عن نفسه (كمرحلة أولى للكذب)، ثم يلصقها بشخص بريء (كمرحلة ثانية للكذب).

وهنـاك آبـاء وأمهـات يـضربون أبنـاءهم ضربًـا مبرحًـا لـكي يقولـوا الحقيقـة، وهـم بـذلك يدفعونهم دفعًا للكذب حيث يضطر الطفـل إلى أن يقـول مـا يريـد الأبـوان سـماعه للـتخلص مـن هـذا الضرب الشديد الواقع عليه، وهذا النوع لكي يعالج يحتاج إلى بيئة تتسم بالتفاهم والتقبل لزلات الطفـل وأخطائه، ومساعدته على تصحيحها بوسائل تربوية إيجابية دون اللجوء إلى العقاب الشديد كحلٍّ طـول الوقت.

9- الكذب لمقاومة السلطة:

ويلجأ إليه الطفل حين يعيش تحت سلطة والديـه قاسـية ومتـسلطة؛ فـأبواه يرسـمان لـه طريقًا للدراسة والتعامل مع الحياة، وليس مسموحًا له أن يكـون لـه أي خيـارات ذاتيـة، لـذلك فهو يطيعهما في الظاهر، ويفعل ما يريد خلـف ظهـرهما، ويمـلأ الفجـوة بـين الظـاهر والبـاطن بأكاذيب يخترعها، فمثلاً تسأله أمه عن الواجبات المدرسية، فيقول لها: إنَّ المدرس كان غائبًا، ولم يعطنا واجبات، وحين تسأله عن درجة امتحان الشهر يعطيها الشهادة، وقد قام بتغيير الدرجات بقلمه حتى تقترب من الدرجات النهائية التي تريدها الأم.

والعلاج في هذه الحالة يتطلب تغييرًا في الوالدين قبـل الطفـل بحيـث لا يلغيـان شخـصية الطفل وخياراته الذاتية، ويعطيانـه فرصـةً لـكي يكـوِّن هـو نفـسه، ويتقـبلان صعوباته بـشكل واقعي.

10- الكذب الاجتماعي:

ويستخدمه الأطفال والبالغون عـلى الـسواء للاعتـذار عـن موعـد أو الاحـتراس مـن بعـض الضغوط الاجتماعية، وليس بالضرورة أن يكون الكذب الاجتماعي صفة لازمة للشخص.

11- الكذب المرضي (المزمن):

وهو الكذب المتعمد المزمن حيث يجد الطفل نفسه مدفوعًا إلى الكذب لا

شعوريًا، فيكذب في أغلب المواقف بحيث يصبح الكذب أحد سماته البارزة التي يشتهر بها بين من يعرفونه، والكذب هنا يكون جزءًا من منظومة سلوكية مضطربة مثل السرقة، والهروب من البيت أو المدرسة أو المراوغة والغش والاحتيال والعنف.

وهذه الحالة تحتاج لعلاج نفسي واجتماعي متخصص قبل أن تتحول هذه المنظومة السلوكية المضطربة إلى سلوك إجرامي للمجتمع.

علاج الكذب عند الأطفال:

عند التفكير في العلاج يجب ملاحظة التالي:

- سن الطفل: فقبل سن الخامسة تكون الاحتمالات بريئة، وليست كذبًا بالمعنى المعروف.
- هل الكذب صفة لازمة أو سلوك عارض؟
- ما هي دوافع هذا الكذب وملابساته؟
- ما هو نوع الكذب؟
- هل الكذب عرضًا منفردًا لدى الطفل؟ أم أنه جزء من تركيبة سلوكية مضطربة؟
- العقاب لا يجدي كثيرًا من علاج الكذب.. كما أن التشهير بالطفل أمام العائلة، وأمام الأصدقاء يجعله يتمادى في كذبه، كما يؤثِّر ذلك سلبًا في شخصيته.
- علينا أن ننظر في المصادر الأصلية للكذب في البيئة، والتي منها استقى الطفل هذا السلوك، بمعنى أن ننقي الجو المحيط بالطفل من كلِّ مظاهر الكذب في الكلمة وفي السلوك، وهذا يستدعي شجاعة من الوالدين في

مواجهة كذبهما الشخصي أولاً؛ ليكونا بحقٍّ قدوة حسنة لطفلهما، فكما تعلَّم مـنهما الكذب يتعلَّم منهما الصدق.

⇛ دراسة احتياجات الطفل المحيطة كالحاجة للحبِّ والتقدير والحاجة للأمان؛ لأن عـدم إشباع هذه الحاجات ربما يدفعه للكذب انتقامًا أو هربًا أو تعويضًا.

⇛ إتاحة الفرصة للطفل للتعبير عن نفسه دون قهر أو خوف حيـث إن القهر والخـوف يدفعانه دفعًا إلى الكذب.

⇛ تحمل أخطاء الطفل وزلاته، والتسامح معـه كلـما أمكـن ذلك دون الوقوع في خطأ التدليل المفسد أو التساهل.

⇛ الوفاء بوعودنا التي نقطعها مع الطفل، وإعلان قيمة الصدق في الأسرة.

⇛ يجب أن نعلم أن أضعف الوسائل الإصلاحية في هذه الحالات هـي العقـاب والنصح اللفظي.

* * *

الطفل العنيد
(اضطراب العناد الشارد)
Oppositional Defiant Disorder

طفل في العاشرة من عمره أحضرته أمه للعيادة، وهي تشكو منه بمرارة؛ لأنه كثير الجدال في كلِّ شيء لا يترك كلمة إلا ويعلِّق عليها بشكل عكسي، وهو مستفز بشكل دائم، ولديه رغبة في مخالفة كل النصائح والتعليمات التي يتلقاها من الأب أو الأم؛ فمثلاً حين ينزلون إلى الشارع، ويمشون على الرصيف يصمم هو أن يمشي في نهر الطريق، ويصبح معرضًا لأن تضربه السيارات المسرعة، ومع هذا لا يستجيب لاستغاثات أبويه، فهو دائمًا في حالة تحدي، وخروج عن الطاعة، وعن الخطِّ العام للأسرة، أما في المدرسة فقد اشتكى منه المدرسون؛ فهو يصر أن يجلس على كرسيه في وضع معكوس بحيث يعطي ظهره للمدرس، ويرفض الإجابة على الأسئلة رغم أنه شديد الذكاء، ويرفض عمل الواجبات المدرسية.

وهو فوق ذلك كثير اللوم لمن حوله، ويحملهم مسئولية مشاكله، ويصفهم بأوصاف رديئة، ولديه الكثير من مشاعر الغضب والكره والجحود لمن حوله.

هذا مثال لحالة تسمَّى «العناد الشارد»، وهو نمط ثابت من السلبية والعدائية والسلوك الشارد، ولكن دون انتهاكات خطيرة لحقوق الآخرين أو للقيم الاجتماعية، وهذا ما يفرق عن اضطراب السلوك.

معدل انتشاره:

إنَّ درجات خفيفة من العناد والسلبية يمكن قبولها في مراحل النمو المبكرة

لدى الأطفال عمومًا، فالطفل يريد أن يشعر أنه شخص له كيان وذات مستقلة عن الكبار وإرادة مستقلة غير إرادة الكبار، وهذا يكسبه صفات الفردية والشجاعة والاستقلال.

وفيما يلي بعض العوامل التي تساعد على ظهور هذا السلوك واستمراره:

1- بعض الأطفال يكونون بحكم تركيبهم الفسيولوجي والنفسي أكثر ميلاً نحو الإرادة القوية، وتأكيد الذات والتصميم على الخيارات الشخصية؛ فإذا كان الأبوان يصران على السلطة والسيطرة، وخاصةً إذا كان يخدم احتياجات ذاتية لديهما، فهنا يحدث الصراع بين إرادة الطفل وإرادة الوالدين، وينشأ السلوك العنيد.

2- إذا تعرض الطفل في طفولته المتأخرة لصدمات من البيئة التي يعيش فيها أو مرض أو إعاقة مزمنة، فإن ذلك يمكن أن يشكل بداية للسلوك العنيد كنوع من الدفاع ضد قلة الحيلة والقلق وفقدان تقدير الذات.

3- وتعزو المدرسة التحليلية السلوك العنيد إلى صراعات لم تحل في المرحلة الشرجية للنمو النفسي.

4- أما المدرسة السلوكية، فتعتقد أن السلوك العنيد هو سلوك مكتسب يتعلّمه الطفل أثناء تعامله مع الآخرين، ويتم تعزيزه مع الوقت، ومن خلال هذا السلوك يسيطر الطفل على رموز السلطة في حياته، وذلك بإظهار حالات غضب وهياج كلما طلبوا منه عمل شيء، وبذلك يتجنب الوالدان طلب أي شيء منه خوفًا من تفجر ثورته، وبالتالي يعرف الطفل أنه حقق مكسبًا من هذا السلوك، فيتمادى فيه، يضاف إلى ذلك أن سلوك العناد يجعل الطفل العنيد محل اهتمام وحيرة الوالدين، وهذا ما يريده أي طفل.

5- أو يكون الطفل غير مرغوب فيه كأن يأتي بعد أطفال كثيرين قبلـه، أو تـأتي بنـت بعـد بنات قبلها في حين كان الوالدان يرغبان في مولود ذكـر.. وهكـذا، فيشعر الطفـل أنـه منبوذ أو الأقل غير مستحب، فيحـاول إثبـات وجـوده بالعنـاد والمخالفـة، وفي نفـس الوقت يعاقب والديه اللذين يرفضا وجوده، (ولو على مستوى اللاشعور).

6- اضطراب المزاج لدى الطفل.

7- ويمكن أن يكون العناد دفاعًا ضد الاعتمادية الزائدة على الأم، وخاصةً في الطفل المـدلل أو الوحيد، حيث يريد من خلال عناده أن يقول: «أنا هنا»، «أنا كيـان مسـتقل»، «أنـا رجل.».

الخصائص التشخيصية (كما وردت في دليل التشخيص والإحصاء الرابع DSM- IV)

نمط من السلبية والعدوانية والسلوك الشارد لمـدة لا تقـل عـن 6 شـهور، ويوجـد أثناءهـا أربعة أو أكثر من الخصائص التالية:

1- غالبًا يفقد مزاجه (ينفجر غاضبًا).

2- غالبًا يجادل مع الكبار.

3- يتحدى ويرفض أوامر الآخرين بشكل دائم.

4- يغلب في تصرفاته تعمد فعل الأشياء التي تضايق الآخرين.

5- غالبًا يلوم الآخرين على أخطائه هو.

6- غالبًا ما يستفز الآخرين ويضايقهم.

7- كثيرًا ما يغضب ويعاند.

8- غالبًا حقود ومحب للانتقام.

9- كثيرًا ما يحلف أو يستخدم ألفاظًا سوقية.

* وهذا الاضطراب يسبب خللاً إكلينيكيًا واضحًا في النواحي الاجتماعية أو الدراسية أو الوظيفية.

* لا يحدث الاضطراب خلال مسار اضطراب ذهني أو اضطراب وجداني.

* لا تتفق هذه الخصائص مع خصائص اضطراب السلوك، وإذا بلغ الشخص الثامنة عشرة من عمره، فإن هذه الخصائص لا تتفق مع اضطراب الشخصية المضادة للمجتمع.

وبمرور الوقت وبالتعامل الحكيم مع الكبار يصبح طفلاً أكثر اطمئنانًا على ذاته وعلى استقلاله وعلى إرادته، ويتعلم أن العناد ليس هو الأسلوب الأمثل للتعايش مع الكبار، وأن التعاون والأخذ والعطاء يجعله في وضع أفضل في الحياة.

وتوضح الدراسات الانتشارية أن سمات العناد والسلبية بدرجاتها المختلفة تبلغ (16-22%) في أطفال المدارس، وعلى الرغم من أن هذا السلوك يمكن أن يبدأ مبكرًا في سن الثالثة من العمر إلا أنه غالبًا ما يتضح في سن الثامنة.

ويكثر هذا الاضطراب في الذكور أكثر من الإناث قبل البلوغ أما بعد البلوغ، فيتساوى الجنسين.

بعض السمات الشائعة في أسرة الطفل العنيد:

لقد وجد أن آباء هؤلاء الأطفال (كلهم تقريبًا) يعطون اهتمامًا زائدًا بالسلطة والسيطرة والذاتية، وبعض الأسر يوجد بها أكثر من طفل عنيد، وكأن هناك ظروفًا مشتركة تنتج هذا السلوك في الأسرة.

وتتسم الأمهات بأنهن مكتئبات مرهقات لا يملكن القدرة على الحوار

الهادئ، ويردن أن تنفذ أوامرهن دون نقاش، أما الآباء فلديهم سمات العدوان السلبي والمكايدة، فهم يجعلون من يتعامل معهم في حالة غيظ وغضب على الرغم من هدوئهم الظاهر.

العوامل المسببة:

هناك مرحلتان من مراحل النمو يظهر فيها سلوك العناد والمخالفة كعلامات للنمو الطبيعي حين تكون في حدودها المعقولة، المرحلة الأولى هي سن (18- 24) شهرًا حين يبدأ الصراع بين الطفل والأم حول عملية ضبط التبرز بالإضافة إلى بداية محاولات الطفل الاعتماد على نفسه في تناول الطعام أو اللعب، أما المرحلة الثانية فهي فترة المراهقة حين يبدأ المراهق في تأكيد ذاته واستقلاله عن الأسرة، وتظهر خياراته المختلفة عن خيارات الوالدين.. فإذا كانت استجابات الوالدين لهذه المراحل التطورية هادئة ومتفهمة، فإن الأمور تسير بسلام، وتخف حدة السلوك العنيد شيئًا فشيئًا مع الوقت، أما إذا كانت الاستجابة غاضبة وعنيفة ومبالغ فيها هنا فقط تظهر الدرجات المرضية من العناد والمشاكسة.

ويتميز العناد الشارد حسب شدته إلى:

1- خفيف: حيث تكون الأعراض قليلة تفي بالتشخيص، والإعاقة الناشئة عن الاضطراب قليلة.

2- متوسط: وهي الوسط بين الشديد والخفيف من حيث درجة الاضطراب والإعاقة.

3- شديد: حيث توجد أعراض عديدة والإعاقة مشوهة لأدائه الاجتماعي والمدرسي مع الرفاق والكبار.

 التشخيص الفارق:

يجب تفرقة اضطراب العناد الشارد من الحالات التالية:

1- العناد والسلبية في مراحل النمو مثل بداية المراهقة، وهي صفات تكون في حدود معقولة وتزول أو تخف حدتها مع الوقت.

2- العناد الذي يحدث في فترات الضغوط النفسية كجزء من اضطراب التوافق.

3- اضطراب السلوك، ويميزه وجود انتهاك لحقوق الآخرين أو للقيم الاجتماعية.

4- الاضطرابات الذهنية مثل الفصام.

5- الاضطرابات الوجدانية.

المسار والمآل:

يعتمد المسار والمآل في هذا الاضطراب على عوامل كثيرة منها شدة الاضطراب وثباته مع الوقت ووجود اضطرابات نفسية أخرى مثل اضطراب السلوك أو الصعوبات التعليمية أو اضطرابات المزاج أو تعاطي العقاقير، كما يعتمد أيضًا على ثبات الأسرة وتكيفها.

وعمومًا فإنَّ 25% من هؤلاء المرضى يتحسنون بعد عدة سنوات، أما الباقين (75%)، فإن بعضهم يبقى على عناده كما هو، وبعضهم يتحول إلى اضطراب السلوك، ومما يعزز المآل المتدهور وجود اضطرابات نفسية في الوالدين مثل اضطراب الشخصية أو سوء استعمال العقاقير أو اضطراب الجو الأسري عمومًا.

العلاج:

غالبًا ما يأتي الوالدان بالطفل أو المراهق يطالبون علاجه من العناد بمعنى تليين رأسه الحديدية، وترويضه حتى ينصاع لأوامرهما، هذا هو هدف الوالدين

من العلاج سواء أعلنوه أو لم يعلنوه، ولو حدث أن سار المعالج في نفس الطريق، فسيجد نفسه قد وصل بعد قليل إلى طريق مسدود حيث سيتحول هو الآخر إلى سلطة قاهرة وغير منطقية في نظر الطفل أو المراهق، وبذلك تزداد دفاعات الأخير، ويتمسك بعناده الذي يحميه - في نظره- من محاولات الإلغاء والاختراق بواسطة الكبار المستبدين.

وعلى الجانب الآخر يمكن أن يتعاطف المعالج مع الطفل العنيد ضد تسلط الوالدين أو عدوانهما السلبي، فيصبح عدوانيًا هو الآخر تجاه الوالدين، فيصل إلى طريق مسدود معهما، ويتوقف العلاج.

إذن فالمعالج في مثل هذه المواقف يحتاج إلى حكمة بالغة، وإلى مراعاة التوازن والموضوعية دون اتهام أحد الطرفين بالتقصير أو العدوان، فكلاهما (الطفل والوالدان) يحتاجان للمساعدة.

ومن الخطأ أن يعمل المعالج مع الطفل فقط، ويستبعد الوالدين من العملية العلاجية أو العكس، بل الوضع الصحيح هو العمل معهم جميعًا بالتوازن في المراحل الأولى، ثم العمل معهم بالتلاقي (جلسات علاج أسري) في المراحل التالية.

وفيما يلي نورد الوسائل والاتجاهات العلاجية المستخدمة في مثل هذه الحالات:

1- العلاج النفسي الفردي:

غالبًا ما تكون العلاقة بين الطفل ووالديه أو مدرسيه قد وصلت إلى طريق مسدود؛ لذلك يصبح من المفيد دخول طرف آخر محايد وموضوعي ومنطقي ومتقبل.

وهذا هو دور المعالج النفسي الذي يعقد مع الطفل عدة جلسات نفسية فردية، ولا يسمح للوالدين بتوجيه هذه الجلسات حسبما يرون أو التحكم فيها؛

لأن هذا لو حدث فإن المعالج سيصبح في نظر الطفل العنيد عميلاً لوالديه، ولن يستطيع أن يثق به أو يتعاون معه.

إذن فأهم خطوة في العلاج أن يكتسب المعالج ثقة الطفل، ويعطيه الأمان الحقيقي على ذاته، وعلى إرادته، وعلى أسراره، وأن يسمعه طويلاً، ويحترم وجهة نظره وخياراته، حتى لو لم يتفق معه فيها.

والمعالج في علاقته بالطفل يعطي نموذجًا لشخص من الكبار، ولكنه مختلف من حيث إنه متقبل للطفل ومتسامح معه ومحب له، ويرغب في مساعدته، ولا يهمه التحكم في آرائه وخياراته، ويكشف أن هناك كبارًا يمكن الوثوق بهم والتعاون معهم، وهو لن يصل إلى ذلك بسهولة، ولكن بعد محاولات عديدة لاختبار صدق وصبر وسماح ومعونة المعالج، وحين يصل إلى درجة الاطمئنان له يصبح المعالج صورة جديرة بالتقمص والتقليد بوعي أو بدون وعي من الطفل.. وفي هذا الوضع الجديد يكتشف الطفل أن صلابة الرأي بالحق أو بالباطل ليست فضيلة في كلِّ الأحوال، وأن المرونة تعطي فرصة للأخذ والعطاء، وأن التفكير المنطقي قبل الرفض أو القبول يجعل الحياة مع الآخرين أسهل وأفضل.

ومن علامات نجاح العلاج النفسي الفردي أن يبدأ الطفل في التعلق بالمعالج؛ فهو ينتظر موعد الجلسة، ويذكر والديه بها بعد أن كان يرفض الحضور في البداية.

والمعالج هنا ذو نفس طويل لا يسعى إلى تحقيق تغيرات سطحية في الطفل، وإنما يسعى إلى تعليمه مهارات جيدة في التفكير والتواصل والتعامل، وتنمو مع الطفل طوال عمره، والمعالج ليس عميلاً للوالدين، وليس عدوًّا لهما في ذات الوقت.

2- العلاج السلوكي:

كما أسلفنا من قبل فإن العناد سلوك مكتسب، قد تمَّ تدعيمه وترسيخه دون وعي من الأسرة أو من البيئة المحيطة بالطفل؛ لذلك فالعلاج في نظر أصحاب المدرسة السلوكية هو إعادة عملية التربية للطفل في ظروف مختلفة طبقًا لمبدأ الثواب والعقاب بحيث يدرب الأبوان على تشجيع وتدعيم الاستجابات الجيدة من الطفل، وإهمال الاستجابات السيئة أو توقيع العقاب عند حدوثها، وبذلك تحدث ارتباطات شرطية جديدة تعطي فرصة لنمو السلوكيات المرغوبة.

وهذا العلاج يحتاج لتدريب خاص للوالدين، وربما يحتاج لأن يقضي الطفل بعض الوقت في وسط علاجي مناسب بعيدًا عن بيئته الأسرية؛ لكي يتعلم أنماطًا سلوكية جديدة في ظروف أفضل.

3- الإرشاد الأسري:

وهو نوع من التعليم والتوجيه للوالدين فيما يخص أسباب العناد عند الطفل وطرق التعامل الصحيحة، وهو يفيد إذا كان الوالدين مثقفين، ولديهما المرونة الكافية لتقبل فكرة أن هناك خطأ ما قد حدث في تربية الطفل، وهذا الخطأ يمكن تصحيحه ببعض التعديلات في العلاقات داخل الأسرة.

وعلى المعالج أن يكون حكيمًا بالقدر الكافي؛ فلا يوجه اللوم إلى الوالدين أو يتهمهما بالجهل أو بالتقصير (سواء بشكل مباشر أو غير مباشر) حتى لا يستثير دفاعاتهما حيث إننا كبشر يصعب علينا تقبل أننا مخطئون، وأننا آباء أو أمهات سيئون أو فاشلون، وإنما يمكن أن نتقبل أن شيئًا ما - غالبًا غير مقصود- قد حدث أدى إلى انحراف في السلوك، وهذا الشيء يمكن تداركه.

4- العلاج الأسري:

وهو وسيلة أعمق من الإرشاد الأسري، ويلجأ إليه المعالج حين يلاحظ أن

أحد الوالدين أو كليهما على درجة شديدة من الصلابة في الرأي، ولديه ميول نحو التسلط والتحكم في الآخرين، (بما فيهم المعالج نفسه)، ولديه مقاومة شديدة للتغيير، ولديه مساحة هائلة من الإنكار والعمى النفسي، حيث يرى أن المشكلة كلها في الطفل.

وعلى المعالج أن يروِّضه ويعلِّمه الانصياع لأوامر الكبار الذين يعرفون كلَّ شيءٍ، وهذان الوالدان (أو أحدهما) ربما يحاولان استخدام المعالج بطريقتهما حيث يطلبان منه أن يقول للطفل كذا وكذا، أو أن يأمره أن يشرب كوب اللبن في الصباح، وأن يلبس الحذاء الأسود حين يذهب إلى المدرسة، وأن ينام الساعة العاشرة، وسوف يلاحظ المعالج أنه يجد صعوبة في إحداث تغيير في هذين الوالدين، ففي رأيهما أنه لا توجد لديهما مشكلة على الإطلاق، وإنما المشكلة تكمن بالكامل في هذا الطفل المشاكس العنيد، وأن المعالج عليه أن يبذل كلَّ جهده مع الطفل (فقط) لتليين رأسه.

هذان الوالدان لن يقبلا فكرة الخضوع للعلاج على أنهما يحتاجان لذلك العلاج، وإنما يمكن أن يفكرا في ذلك على أنه جزء من حلٍّ مشكلة العناد لدى الطفل.

وعلى المعالج أن يتجنب الاصطدام بدفاعاتهما، وأن يتجنب الهجوم عليهما أو الانتقاص من كفاءتهما كأبوين، وإنما يبدأ في الاقتراب الهادئ منهما، ومن طرق التعامل بينهما وبين الطفل طارحًا خيارات أخرى أمامهما، ويعطيهما الفرصة للقبول أو الرفض حيث إن ما يطرحه مجرد مقترحات، وليست أوامر.

وفي نفس الوقت يشجِّع وينمِّي أي بادرة إيجابية تظهر منهما نحو الطفل، ويربط بينها وبين التغير الحادث في سلوك الطفل مما يعطيهما إحساسًا بالفخر على أنهما يلعبان دورًا مهمًا في التغيير، وربما يحتاج أحد الوالدين جلسات منفردة لإعطائه الفرصة للتعبير عن نفسه، وعن صعوباته بعيدًا عن تأثير الطرف

الآخر.. وشيئًا فشيئًا يحدث التغيير العلاجي المطلوب، ويكون مواكبًا للتغيير الحادث في الطفل نتيجة العلاج النفسي الفردي للطفل، وحينئذ يمكن عمل جلسات أسرية تضم الوالدين والطفل معًا بعد التغيير لكي يمارس الجميع أساليب جديدة في التواصل والتعامل، ولكي يرى المعالج المشكلات التي مازالت قائمة في العلاقات البينية.

وسيعرف الوالدان ويقتنعان مع الوقت أن إرغام الطفل على الطاعة ليس فضيلة، بل إن المرونة والسماح والتقبل والأخذ والعطاء والتربية الاستقلالية في جو يسوده الحب والدفء العاطفي يحول بين الأطفال والعناد المرضي.. أما العناد البسيط فيجب أن نقصر الطرف عنه، ونستجيب فيه لرغبات الطفل ما دام هذا لن يضره، وكانت رغباته في حدود المعقول.

وهذا الموقف الأخير ربما يعطي للطفل نموذجًا للمرونة في التعامل؛ فالإنسان ليس قطار مندفع في اتجاه واحد أو قطعة من الحديد مثبتة في الأرض، وإنما هو كائن مفكر ومرن، يتقدم حين يكون التقدم مطلوبًا، ويتراجع حين يكون التراجع أفضل، وهذه هي الخلاصة التي يصل إليها الجميع من خلال التفاعل في الجلسات النفسية، وبذلك يتخلى الطفل ووالديه عن صراع الرءوس الحديدية.

5- العلاج بالعقاقير:

هل هناك عقاقير يمكن أن تلين الرءوس الصلبة العنيدة للأطفال المشاكسين؟

بالطبع هناك الكثير من الآباء والأمهات يتمنون وجود هذه العقاقير السحرية التي تجعل من أبنائهم أطفالاً طيبين مطيعين للأوامر.. ولكن من حسن الحظِّ أن هذه العقاقير غير موجودة وإلا لتوقفت الحضارة الإنسانية، وأصبح

الأبناء صورًا طبق الأصل من الآباء، وأصبحت الأجيال نماذج مكررة.

ولكن هناك في الواقع عقاقير تلطف من حدة المشاعر العدوانية، مثل: (الهالوبيريدول)، (الريسبيريدون)، وهناك عقاقير تخفف من حدة التقلبات المزاجية مثل: (الليثيوم) و(الكاربامازيبن)، (الصوديوم فالبروات)، وهناك عقاقير تخفف من القلق والاكتئاب ومضادات القلق.

وحين نكتشف أن الطفل العنيد لديه مشاعر عدوانية أو تقلبات مزاجية أو اكتئاب أو قلق، (وكثيرًا ما توجد هذه الأشياء فعلاً في الطفل العنيد)؛ فإن إعطاء الدواء المناسب يساعد في تخفيف العناد بدرجة ملحوظة تساعد على استكمال العلاج النفسي المطلوب.

6- العلاج الديني:

حين ينشأ الطفل على فكرة وجود إله خالق ورازق ومحب وودود، وأن هذا الإله العظيم يستحق الطاعة لأوامره، وأن هذه الطاعة ترفع من قدر الإنسان، حينئذٍ يتعلَّم درسًا مهمًا في الطاعة الإيجابية لمن يستحقها، ويساعده ذلك على الامتثال لأشياء ربما تكون طاعةً لله الذي يحبه، ربما تخف حدة هذا الصراع، أما إذا نظر إلى الأمر على أنه تحكم من والديه، فربما يرفض أداء الصلاة ليس كرهًا لها، وإنما كرهًا لأوامر والديه.

وإذا تعلَّم الطفل أن والديه يطيعان الله، ويمتثلان لإرادته ومشيئته، فهذا يعلمه أن الطاعة والامتثال حين يكونان في محلهما، فهما فضائل عظيمة.

وإذا تعلَّم أن هناك إطارًا مرجعيًا (النصوص الدينية وتفسيراتها) يرجع إليه الجميع (بما فيهم هو وأبويه)، فإن ذلك يخفف من حدة الصراع الشخصي، ويعيد الأمر إلى جذوره الموضوعية المحايدة.

وعلى الجانب الآخر نجد بعض الآباء والأمهات يسيئون استخدام الجانب

الديني في التربية، فيعطيان الطفل صورة مخيفة للإله على أنه قاهر وجبار، ويعذب بالنار على أي خطأ (اللي يكذب هايروح النار.. اللي يغلط هايروح النار.. واللي ميسمعش كلام أبويه وأمه هايروح النار.. واللي يشتم هايروح النار... وهكذا).

وبذلك تتكون في نفس الطفل صورة مخيفة لهذا الإله، ويبدأ في التمرد والعصيان، فنجده يتهرب من الصلاة، ومن أداء العبادات بصورة عامة، وينفر من كلِّ الرموز الدينية.

وتتعمق هذه الصورة السلبية حين يريد الأب أن يتسلط على ابنه أو يقهره باسم الدين، وهذا وضع شديد التعقيد يستلزم جهودًا كبيرة من المعالج لفك هذا الاشتباك المعقد المرتبط بمعتقدات راسخة لدى الوالدين تحتاج لتصحيح أو تعديل.

فالطفل في النهاية يطيع من يحب، فإذا أحب الأب أحب من خلاله الرب، وإذا تعلَّم طاعة الربِّ؛ فإنه يتقبل عن طواعية طاعة الأب، ولكي يحدث هذا يجب أن تصل إليه صورة الإله صحيحة ومنطقية ومحبوبة، وأن يرى في أبيه نموذجًا لهذه الصفات المحبوبة يقربه من نموذج الإله العظيم.

* * *

التـــــأديب

تعريفه:

التأديب هو أي تدخل من الكبار (الوالدين، الإخوة الأكبر، المدرسين، المرشدين الدينيين... إلخ)؛ لتعديل سلوك الطفل.

اتجاهات المربيين نحوه:

هناك اتجاهات متباينة نحو عملية التأديب نورد بعضًا منها:

1- التساهل: حيث يميل المربي إلى أن يكون الطفل في مناخ حرٍّ تمامًا يفعل ما يريد بشكل تلقائي، ويتعلم من الحياة نفسها دون تدخل مباشر من الكبار.

وغالبًا ما يكون ذلك رد فعل لتربية قاسية عانى منها المربي؛ لذلك فهو يفعل عكسها، والمشكلة في هذا النوع من التربية أن الطفل ينشأ، وليس لديه إحساس بالحدود والضوابط والالتزامات، فيعاني كثيرًا حين يكبر.

2- الضبط الصارم: وهو عكس الأسلوب السابق حيث تكون هنا القواعد واضحة وشديدة، وعلى الطفل أن يلتزم بها طول الوقت.. وعيب هذه الطريقة أنها تلغي تلقائية الطفل وحرية تفكيره.

3- التقلب: وهنا ترتبط الأساليب التربوية بالحالة المزاجية للمربي (أو المربية)؛ فمثلاً إذا كان الأب في حالة سرور وسعادة، فإنه يتعامل بلطف وحنان مع تصرفات الطفل... أما إذا كان متوترًا أو حزينًا؛ فإنه ربما يصفع الطفل على وجهه بشدة على سلوك كان يضحك له في وقت آخر، وهذا النوع أخطر من سابقيه؛ لأنه يدع الطفل في حيرة شديدة، ويهز الثوابت لديه.

4- التربية المتوازنة: وهي التي تعطي فرصة لتلقائية الطفل، وفي ذات الوقت تزوده بمعرفة اتباع الضوابط الاجتماعية، وتعطيه الحرية، وتعلمه احترام حرية الآخرين واحتياجاتهم، وتهتم باحتياجاته الجسمية والنفسية والاجتماعية والروحية في ذات الوقت.

القواعد الأساسية للتربية الصحية:

1- القاعدة الأولى: الثبات والاتساق: فالمربي يشجِّع الصدق والأمانة مثلاً في كلِّ الأوقات، وفي كلِّ المواقف، وهو نفسه يلتزم بهما كسلوك، فلا تناقضات ولا تقلبات.

2- القاعدة الثانية: الفهم: أي الطفل يجب أن يفهم بشكل بسيط: لماذا يرفض أبيه أن يأخذه معه إلى العمل؟! وأن تفهم الطفلة: لماذا لا تشتري لها أمها هذه اللعبة الآن؟!

3- القاعدة الثالثة: الانتقال التدريجي من مبدأ اللذة إلى مبدأ الواقع: فالطفل يعيش على مبدأ اللذة (أريد ما أحبه الآن بصرف النظر عن أي شيء)، والكبار يعيشون على مبدأ الواقع (غالبًا)، وعملية التأديب تأخذ الطفل من مبدأ اللذة إلى مبدأ الواقع بالتدريج وبصبر جميل، أي أنه يتوجب على المربي أن يجعل رحلة الطفل من عالمه الخاص إلى عالم الكبار رحلة ممتعة.

4- القاعدة الرابعة: القبول بالبطء الحتمي لعملية التغير: فمن سنن الكون أن السلوك الإنساني يحتاج لوقت حتى يتغير أو ينضج، ولذلك يصبح الاستعجال نوع من التعسف، والخروج على الفطرة.

5 - القاعدة الخامسة: حب الطفل للمربي: فالحبُّ من الطفل للمربي يجعل النظام القيمي للأخير جزءًا من تكوين الطفـل، ويـسهِّل الانتقـال مـن حالـة لحالة أخرى على طريق النمو والنضج النفسي بـشكل هـادئ وآمن؛ فالطفل لا يعرف النفاق لذلك فهو لـن يطيـع إلا مـن أحبه.

6- القاعدة السادسة: القبول بمرحلية النمو: فلكلِّ مرحلة خصائصها التي يجب أن يعيشها الطفـل أو المراهـق، وعـلى المـربي أن يتقبـل هـذه المراحـل ويواكبها، ولا يعمـد لأن يجعل الـسلوك نمطيًا ثابتًا في كـلِّ المراحل.

* * *

العقـــــاب

تعريفه:

العقاب هو إلحاق أذى نفسي أو بدني بالطفل جزاءً على سلوك معين قام به.

الدور التربوي للعقاب:

العقاب هو أحد وسائل التربية، وليس أهمها بل ربما يكون أضعفها، فقد قسَّم علماء التربية الوسائل التربوية حسب أهميتها كالتالي:

1- القدوة.

2- الثواب.

3- العقاب.

أي أن العقاب يأتي في مؤخرة الوسائل التربوية، ومع هذا نجد أن المربين غالبًا ما يبدءون بالعقاب، ويبالغون في الاهتمام به؛ لأنه يحقق نتائج سريعة يرغبونها، فمثلاً إذا أراد الأب من ابنه أن يذاكر، والابن يتكاسل عن ذلك، لذلك يقوم الأب بضربه حتى يجلس الابن على المكتب، وينظر في الكتاب، وهنا يستريح الوالد؛ لأنه حقق ما يراه صحيحًا لابنه.

ولكن في الحقيقة إن التغيير الذي حدث نتيجة العقاب هو تغيير شكلي وسطحي، فالحقيقة أن الطفل لا يذاكر، وإنما جلس ينظر في الكتاب لتفادي غضب الأب، والنتيجة هي كراهية للمذاكرة وللدراسة عمومًا.

ولذلك نرى في الحديث اليومي للناس أنهم يستخدمون العقاب مرادفًا للتربية، فمثلاً إذا شكوت طفلاً لوالده؛ فإنه يقول لك: «لا تقلق سوف أربيه»، حينئذٍ تفهم أنت أنه قرَّر أن يضربه، وهنا حدثت عدة اختزالات، فقد اختزلت

التربية في العقاب، واختزال العقاب في الضرب.

أنواع العقاب:

حين يذكر العقاب يتبادر إلى الذهن مباشرة العقاب بالضرب، وهذا اختزال معيب كما قلنا من قبل، ولكنه شائع؛ فالعقاب مفهوم واسع يـشمل أشياء كثيرة، ولكننا نجملها في النوعين التاليين:

1- العقاب النفسي: كنظرة اللوم والعقاب أو نظرة الاعتراض مـن الوالـدين، أو الانتقـاد أو التوبيخ أو الحرمان من أشياء يحبها الطفل، أو حبسه في غرفة... إلخ.

2- العقاب البدني: ويشمل الضرب أو أي نوع من أنواع الإيذاء البدني.

القواعد الصحيحة للعقاب:

إذا اضطررنا للعقاب أثناء عملية التربية، فيجب أن نتبع القواعد التالية حتى يـستفيد الطفل:

1- يجب أن يعرف الطفل الأشياء التي تـستوجب العقاب مـسبقًا، بمعنى أن هنـاك قواعـد واضحة في البيت أو المدرسة لمـا هو صحيح، وما هو خطأ.

2- أن يتم تحذير الطفـل بـأن تجـاوزه للقواعد المعروفة والمعلنـة سوف يعرضه للعقاب.

3- أن يكون العقاب إصلاحيًا لا انتقاميًا، أي ليس بـسبب الحالة المزاجية المضطربة للأم أو للأب.

4- أن يكون في مصلحة الطفل لا في مصلحة المربي صاحب السلطة، فبعض الأمهات يضربن أطفالهن؛ لأنهـن يـشعرن بالراحـة بعـد ذلك، فقد

نفسن عن مشاعر غضب لديهن.

5- أن يكون العقاب متدرجًا ومتناسبًا مع شخصية الطفل، فالطفل الذي تردعه النظرة لا يجب توبيخه، والطفل الذي ينصلح بالتوبيخ لا يجب ضربه... وهكذا.

6- أن يكون العقاب متناسبًا مع الخطأ الواقع.

7- أن تكون له نهاية، فمثلاً نقرر حرمان الطفل من المصروف لمدة ثلاثة أيام يأخذ بعدها المصروف.

8- أن يشعر الطفل أن العقاب وقع عليه بسبب سلوك سيئ فعله، وليس لأنه هو نفسه سيئ.

* * *

اضطرابات الإخراج

إنَّ التحكم في الإخراج يعتبر من الوظائف الجسمانية والنفسية الأساسية في الإنسان، وبالتالي فإنَّ اضطراب هذا التحكم يستدعي مراجعة الكثير من العوامل المتداخلة للوصول إلى تشخيص دقيق كلما أمكن لتصبح العملية العلاجية أكثر توجهًا نحو هدفها.

وقد أوضحت الكثير من الدراسات في مجتمعات مختلفة أن عملية التحكم في الإخراج يمكن أن تبدأ في سن عشر شهور ونصف (**Jacobsun 2001**).

وربما لا يشعر كثير من العاملين في المجال الطبي بأهمية عملية التدريب على الإخراج، وتأثيرها على الصحة العامة والصحة النفسية بوجه خاص، وهذا يجعل معرفتهم بتفاصيل هذه العملية في الصحة والمرض قليلاً، فمن المهم أن نعرف أن التدريب الناجح على الإخراج (التبول والتغوط) يعتبر مصدرًا للفخر للطفل والأسرة، وعلامة مهمة على النمو والنصح.

وعلى العكس فإن المشاكل في هذه الوظيفة يمكن أن تؤدي إلى صراعات شديدة، وضعف تقدير الذات، بل يمكن أن تؤدي إلى العنف في بعض الأحيان بالإضافة إلى اضطرابات نفسية أخرى مثل الخجل والانطواء والقلق والاكتئاب والوساوس والأفعال القهرية.

وقد وجد في أحد الدراسات أن فشل التدريب على عملية الإخراج كان هو أهم ثاني سبب للاستباحات القاتلة للأطفال (**Fatal child abuse**)، فالأبوين (وخاصةً الأم) يشعران بالغضب نحو الطفل الذي لا يتحكم في إخراجه والنبذ والعقاب النفسي أو البدني الشديد له (**Morrow et al 1997**).

ولهذا يجب أن يتم التدريب على الإخراج في سـن مناسـب، وبتـدرج معقـول، وأن يـتم في ظروف نفسية جيدة، وأن تتجنب الأم (أو المربية) اللجـوء إلى العقـاب أثنـاء هـذا التـدريب أو التعبير عن مشاعر الغضب أو النبذ للطفل في حالة عجزه عن تحقيق توقعاتها.

ولا نغفل أن عملية الإخراج تتأثر بعوامل كثيرة، مثل القرارات العقليـة للطفـل، ونضجه الاجتماعي، والمحددات البيئية المحيطة بالطفل، والتفاعـل النفسـي بينـه وبـين أبويـه (Kaplan and Sadock 1994).

وقد تضمن دليل التقسيم التشخيصـي والإحصائي الرابع نـوعين مـن اضطرابات الإخراج وهما:

1- اضطراب البوال (Enuresis).

2- اضطراب التغوط (Encopresis).

ومن المهم أن نعرف أن المسار الطبيعي للتحكم في عملية الإخراج يتم على أربعـة مراحـل بالترتيب التالي:

1- نمو التحكم في التغوط ليلاً (أثناء النوم).

2- نمو التحكم في التغوط نهارًا (أثناء اليقظة).

3- نمو التحكم في التبول نهارًا (أثناء اليقظة).

4- نمو التحكم في التبول ليلاً (أثناء النوم).

ومن هنا نلاحظ أن آخر وظيفـة تحكم نمـو عند الطفـل في عمليـة الإخـراج هـي عمليـة التحكم في التبول ليلاً، ولهذا نجد الكثير من الحالات المترددة على العيادات النفسية تقع تحـت هذه الفئة (Nocturnnl enuresis).

وفيما يلي نستعرض اضطرابي البوال والتغوط بشيء من التفصيل.

اضطراب البوال (Enuresis)

تعريفه:

وتعريف البول كما ورد في الدليل التشخيصي والإحصائي الرابع DSM lV هو: «الإفراغ المتكرر للبول في السرير أو الملابس سواء كان ذلك لاإراديًا أو إراديًا».

نبذة تاريخية:

والبوال معروف منذ القدم حيث كتب عنه في البرديات المصرية التي يرجع تاريخها إلى 1550 سنة قبل الميلاد، وكانوا يعالجونه بخليط من الجعة، ومنقوع العليق، ويذكر التاريخ أن علاجات عديدة استخدمت لهذا الاضطراب أهمها (حمودة 1991م):

1- حرق الأوراق بين الرجلين.

2- كي الفتحة الخارجية لقناة الإحليل (العضو الذكري) بنترات الفضة، وذلك لجعل التبول مؤلمًا.

3- شكشكة القضيب.

4- ربط ضفدعة إلى القضيب؛ لتنقنق عندما يبول الطفل، فيستيقظ (هذه الطريقة كانت تستخدم في نيجيريا).

أنواعه:

ينقسم البوال إلى:

1- البوال الليلي (أثناء النوم)، وهو الأكثر شيوعًا.

2- البوال النهاري (أثناء اليقظة).

3- البوال الليلي والنهاري معًا.

أو يقسم إلى:

البوال الأولي: وهو يعني أن الطفل لم يمر بفترة تحكم في البول قبل ذلك؛ فهو يتبول في فراشه أو ملابسه منذ أن ولد.

البوال الثانوي: وهو يعني أن الطفل مرَّ بفترة تحكم في البول (على الأقل سنة)، ثم فقد هذه القدرة بعد ذلك لأي سبب من الأسباب.

علاقته بالنوم:

بما أن أكثر الأنواع شيوعًا هو التبول في الفراش ليلاً أثناء النوم، إذن يبدو أن هناك علاقة بين نوعية النوم أو مراحله وبين هذا الاضطراب، وهذه العلاقة لم يتم اختيارها بشكل كافٍ حتى الآن.

والملاحظ إكلينيكيًا من خلال مواكبة أعداد كبيرة من حالات البوال أن الأطفال المصابين بهذه الحالة يوصفون (بواسطة أبويهم) بأن نومهم ثقيل، وأنه يصعب إيقاظهم أثناء الليل أو حتى في الصباح للذهاب إلى المدرسة، وهذه الملحوظة البسيطة والمتواترة، وتشير إلى صعوبة تنبه المريض لامتلاء المثانة ليلاً.

وقد وجد في بعض الدراسات أن معظم حالات التبول تحدث في الثلث الأول من النوم، وهذا الجزء من النوم تغلب عليه مراحل النوم العميق (المرحلة الثالثة والرابعة على وجه التحديد)، وهو ما يعرف بالنوم غير المصحوب بحركة العين السريعة (NREMS)، وفي هذه الحالة لا يتذكر الطفل أنه تبول، وإنما يفاجأ في الصباح بفراشه وقد تبلل.

أما إذا حدث أثناء النوم الحالم، وهو ما يعرف باسم النوم المصحوب بحركة العين السريعة (REMS)؛ فإنَّ الطفل يتذكر أنه تبول أثناء رؤيته لحلم مفزع.

معدل حدوثه:

يختلف معدل حدوث البوال حسب المرحلة العمرية كالتالي:

في سن 5 سنوات	(15- 20%).
في سن 7 سنوات	15%.
في سن 10 سنوات	3%.
في سن 14 سنة	1.5%.
في سن الرشد	1%.

وهذا يعطي إشارة مهمة أنه يحدث تحسن طبيعي مع التقدم في العمر حتى بدون أي تدخل علاجي، ويلاحظ أن هذا الاضطراب أكثر حدوثًا في الذكور من الإناث.

الاضطرابات النفسية المصاحبة لحالات البوال:

وجد أن 20% من حالات البوال تكون مصحوبة باضطرابات نفسية (اضطراب التغوط أو المشي أثناء النوم، أو الفزعات الليلية أو اضطرابات ضعف الانتباه زيادة الحركة، أو اضطرابات السلوك، أو مشاكل التعلم)، وخاصةً في الحالات التالية:

1- البنات.

2- الأطفال الذين يتبولون في الفراش أو في الملابس نهارًا وليلاً.

3- استمرار الأعراض حتى فترة المراهقة.

فسيولوجية التبول:

عندما يزيد الضغط دخل المثانة؛ فإن مستقبلات الضغط في الطبقة العضلية

لجدار المثانة ترسل تنبيهات إلى الحبل الشوكي، ومنه إلى المخ الذي يتم فيه الشعور بالرغبة للتبول، فإن كانت الظروف مناسبة، فإن المخ يرسل إشارات إلى المراكز العصبية في المنطقة العجزية من الحبل الشوكي لترسل بدورها إشارات إلى جدار المثانة فينقبض، وإلى العضلة العاصرة (الصمام) فترتخي، وبذلك يتم إخراج البول.

أما إذا كانت الظروف غير مناسبة، فإنَّ المخ يرسل إشارات إلى المنطقة العجزية من الحبل الشوكي لترسل بدورها إشارات إلى جدار المثانة فيرتخي، وإلى العضلة العاصرة (الصمام) فتنقبض، وبذلك يتأجل فعل التبول إلى حين تأتي ظروف مناسبة.

ولكي تتم هذه العملية بنجاح يجب أن تكون الوصلات العصبية سليمة، وقادرة على نقل الإشارات المطلوبة، وكذلك تكون المراكز العصبية في المنطقة العجزية من الحبل الشوكي، وفي المخ على درجة كافية من النضج، وأن تكون المثانة في حالة جيدة.

والسؤال هو: متى يتم نضج المراكز العصبية لكي يصبح الطفل قادرًا على التحكم في تبوله؟

والإجابة: إن ذلك يحدث في خلال السنة الثالثة من العمر في الأحوال الطبيعية.

◀ الأسباب:

تتعدد أسباب هذه الحالة وتتداخل، ولذلك نحاول أن نجملها ونبسطها في نوعين رئيسيين:

1- أسباب عضوية مثل:

◖ العوامل الوراثية (الجينية).

- صغر حج المثانة الوظيفي.
- زيادة كمية البول (نتيجة نقص الهرمون المضاد لإدرار البول).
- خلل في الأعصاب المسئولة عن التحكم.
- تأخر نضج مراكز التحكم في المخ والحبل الشوكي.
- الصرع أثناء النوم.

2- أسباب نفسية مثل:

- اضطراب في النوم (زيادة مراحل النوم العميق).
- الغيرة من وصول طفل جديد في الأسرة، وهذا يؤدي إلى نكوص في السلوك.
- عدم الشعور بالأمان.
- الخوف من الظلام ومن الأشباح والحيوانات، خاصةً بعد سماع القصص المرعبة أو مشاهدة مناظرة مخيفة في التليفزيون.
- أن يكون أحد الوالدين أو كليهما شديد السيطرة، فأصبح التبـول هنـا تعبـير عـن العدوان تجاه الأسرة (وخاصةً الأم).
- التدليل الزائـد والحمايـة المفرطـة بمـا يـؤدي إلى حاجـة الطفـل لاسـتمرار جـذب الانتباه أو التمرد على الحماية المفرطة.
- الاضطرابات النفسية والسلوكية.

وسوف نتناول بعض هذه الأسباب بالتفصيل نظرًا لأهميتها:

(1) العوامل الوراثية (الجينية):

غالبًا ما يوجد تاريخ عائلي للبوال في الأسرة، وحين يكون الأبوان قد

أصيبا بمثل هذه الحالة، فإن 77% من الأطفال سيعانون منها، أما إذا كان أحـدهما فقـط قد أصيب بها، فإن 44% من الأطفال سيعانون منها، وفي 15% من حالات التبول الليلي لا نجـد مثل هذه الحالة في الأب أو الأم، وفي بعض الدراسـات تمَّ التعـرف عـلى الجـين المسـئول عـن حدوث هذه الحالة، وهو جين سائد موجود على الكروموسوم رقم 13.

(2) صغر حجم المثانة الوظيفي:

ففي بعض الحـالات كانـت السـعة الوظيفيـة للمثانـة (Functional capacity of the bladder) في الأطفال المصابين أقل من أقرانهم غير المصابين، وعند فحص مثانة الأطفال المـصابين بالبوال تحت تأثير مخدر عام وجد أن حجمها طبيعيًـا، وهـذا يعنـي أن المثانـة في غـير ظـروف التخدير تكون في حالة انقباض، ولذلك لا تتحمل كمية كبيرة من البول، وفي بعض الأحيان يطلـق على هـذه المثانـة أنهـا مثانـة عـصبية لا تسـتوعب البـول بـداخلها، وتحـاول طـرده مـن خـلال انقباضات جدارها المستمرة.

وربما يتم الربط بين عصبية المثانة وعصبية الطفل، ولكـن هـذا الـربط يحتـاج إلى دراسـات منضبطة أكثر لإثباته أو نفيه.

(3) زيادة كمية البول:

وذلك بسبب نقص إفراز الهرمون المضاد لإدرار البول Anit- diuretic (ADH) Hormone أثناء الليل، ففي الأحوال العادية يزيد إفراز هذا الهرمون أثناء الليل حتى يقلل من كمية البـول التي تنتجها الكليتين أثناء النوم، لكي تتناسب هذه الكمية مع حجم المثانة؛ فـلا يحتـاج الطفـل للاستيقاظ ليلاً للتبول، فالطفل الطبيعي ينـام مـن (8 إلى 12) سـاعة دون حاجـة للتبـول خـلال هذه المدة.

فإذا لم تحدث هذه الزيادة الطبيعية في إفراز ذلك الهرمون المضاد لإدرار

البول، فإن كمية البول حتمًا ستزيد عن سعة المثانة من خلال هذه الساعات الطويلة من النوم، وبالتالي يحدث تفريغ إجباري للمثانة خاصةً إذا كان نوم الطفل عميقًا، ولا يسمح بالتنبه لامتلاء المثانة.

(4) تأخر نضج الجهاز العصبي: (Maturational Delay of CNS):

إنَّ السبب الأكثر قبولاً، ولكنه الأكثر صعوبة في الإثبات هو تأخر نضج الجهاز العصبي المركزي، وذلك يؤثر على قدرة الطفل على التحكم في إفراغ المثانة، وفي هذه الحالة عندما تمتلئ المثانة بالبول، ويتمدد جدارها، وتنقل الأعصاب الحسية إشارات الامتلاء إلى المخ مرورًا بالمراكز العصبية في المنطقة العجزية للحبل الشوكي؛ فإنَّ هذه المراكز تفشل في القيام بوظيفتها التنظيمية، ويمكن أيضًا أن تفشل آلية إيقاظ المريض أو تنبيهه عند امتلاء المثان.

(5) اضطرابات النوم:

وقد تحدثنا عنها من قبل؛ فهؤلاء الأطفال يكون نومهم أكثر عمقًا من أقرانهم، (زيادة في مراحل النوم العميق الثالثة والرابعة على وجه الخصوص).

وتزيد نسبة التبول أثناء النوم حين يكون هناك انسدادًا في مجرى التنفس بسبب وجود لحمية في الأنف أو التهاب اللوزتين، ولذلك نلاحظ أنه بعد العمليات الجراحية التي تزال فيها هذه الانسدادات تتحسن حالة كثير من الأطفال المصابين بالتبول أثناء النوم، ويحدث هذا في 76% من الحالات.

(6) الغيرة:

حيث نجد أن الطفل بعد أن مرَّ بفترة تحكم في بوله عاد مرة أخرى إلى التبول في فراشه بعد ميلاد طفل جديد في الأسرة حيث تحدث حالة نكوص (Regression)، بمعنى أن يرجع الطفل بسلوكه إلى مراحل نمو مبكرة في محاولة منه لجذب انتباه أمه التي انشغلت بالطفل الجديد، فيأتي بأفعال طفولية (مثل

المولود الجديد)، لعل الأم تعود إليه مرة أخرى.

وربما يكون التبول في الفراش هنا أيضًا عدوان موجه نحو الأم بشكل خاص، ونحو الأسرة بشكل عام بسبب إهمالهم للطفل بعد وصول المولود الجديد، وفي هذه الحالة ربما يتبول الطفل إراديًا في ملابسه أو فراشه أثناء الليل أو النهار بهدف مضايقة الأسرة التي أهملته.

(7) عدم الشعور بالأمان:

ويحدث هذا نتيجة انفصال الطفل عن أمه، أو انفصال الوالدين، أو النزاعات العائلية، أو إدخاله مستشفى.

(8) عوامل نفسية وسلوكية:

هناك بعض الاضطرابات النفسية والسلوكية في نسبة من هؤلاء الأطفال مثل الخجل والانطواء وسرعة الاستثارة وكثرة الحركة والقلق، ولكنه ليس معروفًا؛ إن كانت هذه الاضطرابات سببًا أم نتيجة لهذه الحالة.

التشخيص:

متى نقول: أن هذه حالة مرضية وتحتاج للعلاج؟ هناك خصائص محددة وضعت لتشخيص هذه الحالة، وهي كما وردت في دليل التشخيص والإحصاء الرابع DSM IV.

◖ وتكرار التبول في الفراش أو الملابس ليلاً أو نهارًا سواء كان ذلك لاإراديًا أو إراديًا.

◖ وهذا السلوك ذو أهمية إكلينيكية من ناحية تكرار حدوثه مرتين أسبوعيًا، ولمدة ثلاثة شهور متتابعة، أو من ناحية أنه يسبب كربًا أو خللاً اجتماعيًا أو تعليميًا أو وظيفيًا أو أي وظائف أخرى مهمة.

☜ العمر الزمني لا يقل عن خمس سنوات.

☜ وهذا السلوك ليس بسبب تأثيرات فسيولوجية مباشرة لمادة (دواء مـدر للبـول مـثلاً)، أو اضطراب جسماني مثل البول السكري أو الصرع أو الصلب المفلوج.

ويحدد النوع كالتالي:

1- ليلي فقط.

2- نهاري فقط.

3- ليلي ونهاري.

 التشخيص الفارق:

يجب أن نفكر في الأسباب العضوية التـي تـؤدي لمثل تلـك الحالـة، وتقـدر نسبة هـذه الأسباب العضوية بـ (3- 10%) من الحالات، ونتوقعها أكثر في الحـالات التـي تتبـول في الفـراش نهـارًا وليـلاً، وتكـون مصحوبة بـسلس البـول أو عـدم القـدرة علـى التـحكم حـين تـأتي الرغبـة (URGENSY)، وهذه الأسباب العضوية تتمثل في:

1- اضطراب في الجهاز البولي والتناسلي سواء كان اضطرابًا تشريحيًا أو عصبيًا أو التهـاب في المثانة.

2- اضطراب الوعي والنوم مثل الصرع أو التسمم أو المشي أثناء النوم.

3- أعراض جانبية من بعض الأدوية مثل مضادات الذهان (الكلوزابين، الميليريل... إلخ).

☜ مسار المرض ومآله:

البوال يعتبر اضطراب قابل للشفاء الذاتي بمعنى أنه يتحسن تلقائيًا مع

التقدم في العمر، ونضج الجهاز العصبي، ومع هذا نوصي بالعلاج حتى نتفادى المضاعفات التي تحدث للطفل لو تركناه حتى يتحسن تلقائيًا.

وطبقًا لتعريف البوال؛ فإن بدايته في سن الخامسة، أما البوال الثانوي فبدايته غالبًا بين الخامسة والثامنة من العمر، وأغلب المصابون به يتحسنون في المراهقة، ولكن تبقى نسبة 1% بوالين حتى مرحلة الرشد.

أما إذا كانت بداية البوال بعد سن الثامنة أو مرحلة الرشد؛ فيجب أن نضع في الاعتبار الأسباب العضوية بشكل أقوى.

وفي الأطفال الذين مروا بفترة جفاف سابقة ثم حدث لهم البوال يجب أن نفكر في وجود صعوبات نفسية لديهم.

المضاعفات:

لو تركنا حالات البوال بدون علاج حتى تصل إلى الشفاء الذاتي مع تقدم العمر، فإننا نعرض الطفل المصاب لمضاعفات نفسية خطيرة نذكر منها:

1- ضعف صورة الذات ونقص احترامها وضعف الثقة بالنفس.

2- الخجل والشعور بالدونية.

3- الانطواء وعدم القدرة على التفاعل الاجتماعي بشكل طبيعي.

4- القلق أو الاكتئاب.

5- الحرمان من الذهاب للرحلات والمعسكرات، وزيارة الأقارب خوفًا من حدوث الحالة.

6- الخوف من الزواج خاصةً عند الفتيات.

تقييم الحالة:

عند تقييمنا لمثل هذه الحالات علينا أن نراعي عامل السن وشدة الحالة،

ففي الأطفال الأكبر سنًا تكون الأعراض مزعجة أكثر، وتسبب وصمة للطفل، وهذا يستدعي تدخلات علاجية أكثر حسمًا، في حين أن السن الأصغر لا يسبب مثل هذا القلق، وبالتالي يسمح بتدخلات علاجية هادئة تأخذ وقتًا أطول، وهذه الاعتبارات نراعيها أيضًا بالتوازي مع شدة الحالة.

ويتلخص تقييم هذه الحالات في النقاط التالية:

1- التاريخ المرضي للحالة: وهو في غاية الأهمية للوصول إلى التشخيص الصحيح ولاستبعاد الأسباب العضوية، ويجب أن يتضمن ذلك التاريخ نمط التبول والتبرز، والفحوصات المعملية أو الإشعاعات والعلاجات السابقة إنْ وجدت.

2- الفحص الطبي والعصبي: وهو شامل للبطن والأعضاء البولية والتناسلية والجهاز العصبي.

3- الفحوصات المعملية والإشعاعية: تتضمن تحليلاً للبول لاستبعاد أعراض التهاب بالمثانة أو مرض البول السكري أو البول المائي، وهذا بالإضافة إلى أشعة على الفقرات القطنية والعجزية للاطمئنان على حالة المراكز العصبية في هذه المنطقة خاصةً لو وجدنا في الفحص الطبي أو العصبي ما يدعو لذلك خاصةً ما يسمى بحالة «الصلب المفلوج» **Spina Bifida**، فكثيراً ما يتهم الصلب المفلوج على أنه السبب في البوال، ولتوضيح حقيقة الأمر نذكر ما يلي (حمودة 1991).

يعرف الصلب المفلوج بأنه فشل التقاء الأقواس الفقارية، وهو على نوعين:

(أ) الصلب المفلوج الخفي (Spina Bifida occulta):

حيث يصيب المنطقة القطنية والعجزية من العمود الفقري، وقد يكون

مصحوبًا بإصابة الجلد المغطي له دون إصابة الحبل الشوكي أو السحايا، وقد تكشف هـذه الحالة عن طريق الصدفة عند تصوير الفقرات بالأشعة لأي سبب من الأسباب دون ظهور أيـة أعراض إكلينيكية لها، وقد يلفت النظر إلى هذه الحالة إصابة الجلد الـذي يكسوها بـشامة، أو ورم دموي، أو خصلة من الشعر، أو حفرة في العجز، أو ورم شحمي في المنطقة القطنية العجزية من الظهر، كما أن وجود اضطراب عصبي قد يشير إلى وجود الصلب المفلوج في بعض الحالات، ولهذا الاضطراب العصبي أسباب عدة:

(1) تشوه أو نقص الحبل الشوكي.

(2) ربط الحبل الشوكي إلى أحد الأنسجة المجاورة الذي قد يؤدي شدَّه أثناء حركة العمـود الفقري إلى تلف بالحبل الشوكي.

(3) الضغط المباشر على الحبل الشوكي أو ذيل الفرس بواسطة مثير عظمي أو امتـداد ورم شحمي داخل النخاع.

هذه الأسباب المؤثرة على الحبل الشوكي تؤثر على المسارات العصبية فيه، فينتج فيه شـلل تقلصي سـفلي، واضطراب إخـراج البـول الـذي يحـدث في هـذه الحالـة هـو سـلس البـول (Incontinenee)، وليس البـوال (Enuresis)، حيث يكون تنقيط البـول مـستمرًا لـيلاً ونهـارًا، بالإضافة إلى ما يصاحبه من علامات عصبية في الطرفين السفليين ونقـص (أو اخـتلال) الإحـساس في منطقة الشرج (**Saddle shaped area**).

(ب) الصلب المفلوج الكيسي (Spina Bifida Cystica):

وفي هذا النوع يكون النقص العظمـي متسعًا، وتـبرز خلالـه السـحايا والحبـل الـشوكي أو أحدهما، وفي حالة الفتق السحائي، فإنه يؤدي إلى شلل ارتخائي في الطرفين، وبالتالي سلس البـول (حمودة 1991).

☗ العـــــلاج:

هناك العديد من الوسائل العلاجية لحالات البوال، وهي تتدرج من اتباع بعض التعليمات البسيطة إلى العلاج السلوكي والعلاج الدوائي، ويتم اختيار الوسيلة أو الوسائل العلاجية بعد التقييم الكامل للحالة بواسطة الطبيب المتخصص، ويراعى في الاختيار سن المريض وشدة الحالة وتعاون الأسرة؛ فالأطفال بين الخامسة والسابعة يستحب أن نبدأ معهم بالوسائل البسيطة (غير الدوائية) أما الأطفال الأكبر سنًا أو الحالات الشديدة فربما نفكر في أكثر من وسيلة مـن بينها العلاج الدوائي.

وفلسفة العلاج هنا أننا نساعد الطفل على التحكم بوسائل وإجراءات خارجية على أمل أن يكتسب القدرة على التحكم في وقت من الأوقات أو يحدث النضج التلقائي للأجهزة العصبية، وبالتالي نحمي الطفل من مضاعفات الحالة التي ذكرناها آنفًا، وبناءً على ذلك يجب أن نـشرح للوالدين وللطفل (إذا أمكن) طبيعة العلاج، ودوره، ومدته؛ لـكي يكونوا متعاونين معنا في تحقيق أهداف العلاج.

وهناك بعض الحالات ربما لا ترغب في العلاج طويل المدى، ولكنها تحتاج فقط للعلاج في فترات مؤقتة حين الذهاب في رحلة أو معسكر أو زيارة لأحد الأقارب لفترات محـددة، والعـلاج يكون مفيدًا أيضًا في تحقيق هذه الأهداف.

وفيما يلي بعض هذه الوسائل العلاجية المتاحة:

(1) اتباع بعض القواعد والعادات: مثل الامتناع عن شرب السوائل ليلاً، خاصةً تلك التي تسبب إدرار البول كالشاي والقهوة والكوكاكولا والعصائر بأنواعها المختلفة، وإذا شـعر الطفـل بالعطش فيكتفي بشرب كميات بسيطة مـن المياه العادية، ويتعوَّد الطفـل أن يفـرغ المثانـة، وذلك بالتبول قبل الذهاب للنوم

مباشرةً، وأن يوقظه أحد أفراد الأسرة بعد ثلاث ساعات من بداية نومه للتبول أو يتم ذلك من خلال وضع منبه بجوار الطفل، وإذا تبول الطفل في هذا الوقت، فإن المثانة تتحمل كمية البول المفرزة بقية الليـل؛ لأنـه وجـد أن معظـم البـول يتم إدراره في الثلـث الأول مـن الليـل، ونتجنب لوم الطفل أو عقابه أو تغييره إذا أصبح، وقد بلل فراشه، ولكن نطلب منه المشاركة في تنظيف ملابسه ومكان نومه.

ونراعي عدم مشاهدة أو سماع قصص مخيفة أو مثيرة قبل النوم، ونتأكد من وجود إضاءة كافية في غرفة نوم الطفل، وفي الصالة، وفي دورة المياه.

(2) تدريب المثانة لزيادة سعتها: حيث يـشرب الطفل كميات كبيرة مـن السـوائل أثنـاء النهار، ونطلب منه تأجيل التبول أكبر وقت ممكن حين يشعر بالرغبة فيه، ويزداد هـذا الوقت تدريجيًا على مدى عدة أسابيع، وبذلك تزيد سعة المثانة، وتتعود الاحتفاظ بالبول لفترة أطول.

(3) تدريبات الانتباه والاستجابة: وتهدف هذه التدريبات إلى زيادة الشعور بامتلاء المثانة، وتعلم الاستجابة الفورية لذلك الشعور، ويمكن تحقيق ذلك بأحد الطريقتين التاليتين أو كليهما معًا:

(أ) لعب الدور: نشرح للطفل أننا وهو سنقوم بعمل تمثيلية حيث يمثِّل أحد الوالدين أولاً ثم الطفل أنه ينام ثم يشعر بامتلاء المثانة والرغبة في التبول، فيقوم ويـذهب للحـمام فعـلاً، ويفرغ كمية من البول (فعلاً)، ويكرر لعب هذا الدور ثلاث مرات قبل النوم مع إفراغ جزء من البول في كلِّ مرة وفي المرة الثالثة يفرغ البول تمامًا ثم يذهب لنومه.

(ب) لعبة رجل المطافئ: يتمثل الطفل بأنه رجل مطافئ، وعندما نوقظه أو يوقظه المنبـه أثناء الليل، فإن عليه أن يقوم فورًا؛ ليطفئ النار المشتعلة بواسطة

البول الذي يفرغه في الحمام.

(4) العلاج الأسري: وذلك بهدف:

- استعادة جو الطمأنينة والهدوء والحب داخل الأسرة؛ لكي يشعر الطفل بالأمان.
- تجنب الشِّجار بين الوالدين خاصةً أمام الأطفال.
- تجنب القسوة الزائدة، والتدليل الزائد.
- مراعاة مشاعر الطفل بعد ميلاد طفل جديد.
- تجنب اللوم والعقاب للطفل على اعتبار أن هذه الحالة تحدث لاإراديًا في أغلب الأحوال، وتجنب معايرة الإخوة والأخوات له.

(5) إزالة الآثار النفسية التي تراكمت عند الطفل أو المراهق نتيجة الحالة: ومحاولة استعادة ثقته بنفسه من خلال التأكيد على أنه غير مسئول عن حدوث هذه الحالة، وأنها قابلة للشفاء، وليست دليلاً على ضعف شخصية أو نقص فيه.

ويرى بعض المعالجين أن البوال في بعض الحالات يكون صرخة استغاثة من الطفل، ولذلك يجب الاستجابة لها ومساعدته في مواجهة صعوباته وصراعاته، والعلاج النفسي في الأطفال لا يقوم بالضرورة على الحوار اللفظي، ولكن يمكن الاستعانة فيه باللعب والرسم بجوار الحوار البسيط.

(6) العلاج السلوكي:

برنامج التدعيم الإيجابي:

السبت	الأحد	الإثنين	الثلاثاء	الأربعاء	الخميس	الجمعة
		*	*		*	

تشرح الأم أو الأب للطفل أو الطفلة البرنامج بعبارة بسيطة مثل: «إنك الآن كبرت، واعتقد أنك تريد أن نساعدك على أن تتوقف عن التبول في الفراش، فأنا أعرف أنها تسبب لك الإزعاج بسبب الرائحة والجهد الذي يتطلبه غسل أغطيتك وملاءات سريرك... وسنستخدم لذلك برنامج مكافآت... ولهذا نريدك أن تختار الأشياء التي تعجبك أو تحب أن تكون لديك، (ونشتري له مجموعة من الهدايا الصغيرة التي يحبها بالإضافة إلى ملصقات على هيئة نجوم ذهبية)... والآن إذا مرت ليلة دون أن تبلل نفسك، فسنضع نجمة ذهبية في جدول الأيام، ونعطيك هدية من الهدايا».

وتقدَّم المكافآت في اليوم التالي مباشرةً إذا نجح الطفل في الحفاظ على عدم تبوله، والمكافآت تقدَّم يوميًا وفورًا في الأسبوع الأول، ثم كل يومين في الأسبوع الثاني، ثم كل أربعة أيام في الأسبوع الثالث، إلى أن تتوقف المكافآت المادية، ولكن نستمر لفترة طويلة في وضع النجوم الذهبية في جدول الأيام عن كل ليلة تمرُّ دون بلل (إبراهيم وآخرين 1993م).

امتداح سلوك الطفل أمام أفراد الأسرة في كلِّ مرة ينجح فيها، وإذا فشل الطفل في يوم من الأيام لا تقم بتأنيبه أو نقده، بل دعه يضع الملابس والأغطية المبللة في المكان المعد للغسيل، وتذكر أن الطفل سينجح في بعض الليالي، وسيفشل في البعض الآخر؛ فلا تيأس من المحاولات، واستمر في تطبيق البرامج حتى ينجح الطفل في التوقف عن التبول لعدة أسابيع.

(ب) جهاز التنبيه الليلي: (Nocturnal Alarm):

الفكرة في هذه الوسيلة هي إيقاظ الطفل للتبول في الوقت المناسب، وتتحقق بنوعين من أجهزة التنبيه:

* جهاز تنبيه عادي: يوضع بجوار الطفل بحيث يوقظه بعد بداية النوم

بثلاث ساعات على اعتبار أن أكبر كمية من البول يتم إفرازها في الثلث الأول من الليل.

* جهاز تنبيه خاص (**Bell and pad apparatus**): وهو عبارة عن جرس كهربائي متصل بدائرة شريحتين من المعدن إحداهما بها ثقوب (العليا)، وهاتين الشريحتين تشبكان بمشابك في الملابس الداخلية للطفل في حين يعلق الجرس كالعقد في رقبة الطفل بحيث يتدلى على صدره، وعندما يبدأ الطفل في البول تبتل ملابسه الداخلية، فتغلق دائرة الجهاز ويرن الجرس فيستيقظ الطفل.

وهذه الطريقة لكي تنجح تحتاج لأن يكون الطفل أكبر من 7 سنوات، ومستعد هو وأسرته للتعاون، وإذا توافرت هذه الشروط؛ فإن نسبة نجاح هذا العلاج تصل إلى 70%، وإذا لم يستيقظ الطفل على صوت الجرس، فيمكن لأحد الأبوين أن يوقظه حين سماع الجرس.

(7) العلاج الدوائي:

هناك عدد من الأدوية المتاحة للعلاج نذكر منها:

1- الأميبرامين (تفرانيل) Tofranil: وهو أحد مضادات الاكتئاب ثلاثية الحلقات، وهو يستخدم بجرعات صغيرة لعلاج حالات البوال منذ عام 1960م، وقد أثبتت الكثير من الدراسات جدواه في مثل هذه الحالات، وتبدأ الجرعة من 25 مجم قبل النوم بساعتين، وتزاد الجرعة بواقع 25 مجم كل أسبوع، حتى يتوقف البوال أو نصل إلى الجرعة القصوى للدواء، وهي 5 مجم/ كجم من وزن الطفل أو تظهر الأعراض الجانبية للدواء بشكل واضح (جفاف الفم، وزغللة في العينين أو الإمساك).

وفي الأطفال الذين يتبولون في بداية النوم يستحسن أن نقسم الجرعة إلى جزئين الأول بعد الظهر، والثانية قبل النوم بساعتين، ولو زادت الجرعة عن

3.5 مجم/ كجم من وزن الجسم، فيجب عمل رسم قلب للمتابعة.

ونسبة نجاح هذا الدواء تصل إلى 60%، وهو يتميز برخص ثمنه، وتأثيره الواضح، والذي ربما يحدث نتيجة الآليات التالية:

- تقليل درجات النوم العميق، فيصبح الطفل أكثر قابلية للاستيقاظ عند امتلاء المثانة.
- العمل على ارتخاء جدار المثانة، وانقباض العضلة العاصرة (الصمام) من خلال تأثيره على الأسيتيل كولين.
- يعمل كمضاد للاكتئاب والقلق، فيؤدي ذلك إلى تحسن الحالة النفسية للطفل.

والجرعة المعتادة يوميًا هي 75- 125 مجم مع مراعاة السن والوزن، وظهور الأعراض الجانبية سالفة الذكر، وتستخدم الجرعة المناسبة لمدة 6 شهور، ثم نعطي للطفل راحة، فنوقف العلاج بالتدريج حتى نرى إنْ كان البول قد توقف أم لا، وفي حالة عدم التوقف نعيد استخدامه ستة شهور أخرى.

2- الديسموبريسين (المينيرين) Desmopressin (Minirine):

وهو عقار جديد نسبيًا يعمل كشبيه لهرمون التحكم في إفراز البول، مما يقلل من إفراز البول أثناء النوم، حيث ثبت أنه في حالات التبول اللاإرادي الأولى يكون مستوى هرمون التحكم في إفراز البول ليلاً (ADH) أقل من المستوى الطبيعي، مما يسبب كثرة إدرار البول بما يفوق سعة المثانة.

وهو موجود في صورة بخاخة للأنف، وفي صورة أقراص 1ر0 مجم و2ر0 مجم، ويستخدم لمدة 3 شهور، ثم نوقفه بالتدريج فإذا عاد الطفل إلى البوال، فيمكننا إعطاءه دورة أخرى من العلاج.. وهكذا حتى يتوقف.

ويتميز هذا العلاج بالفاعلية والأمان حيث إن أعراضه الجانبية بسيطة، ولا يشعر بها أحد باستثناء بعض الحالات القليلة التي يحدث فيها انخفاض مستوى الصوديوم في الدم (Hyponatraemia)، ويمكن أن يلاحظها الوالدين حيث يشكو الطفل من صداع وغثيان وقيئ، وفي هذه الحالة يوقف العلاج، ويتم قياس نسبة الصوديوم في الدم، ولكن نظرًا لارتفاع سعره؛ فيقتصر استخدامه على المرضى القادرين على ذلك، وهذا الدواء الفعال يمكن استخدامه بشكل مؤقت أيضًا في الرحلات، والمعسكرات، والزيارات، وقبل الزواج، ونسبة نجاح هذا الدواء تصل إلى 93%.

3- أدوية أخرى:

* مضادات الأستيل كولين (Anticholinergics): وتستخدم كعلاج مساعد مع العلاجات الأخرى، والأمثلة لها: البلاسيد والبسكوبان وغيرها.

* مانعات استرداد السيروتونين النوعية SSRIS: وخاصةً الفلوكستين والسيرترالين، وهي في الأساس مضادات اكتئاب، ولكن وجد في بعض الدراسات أن لها تأثيرًا واعدًا في حالات البوال.

ماذا يجب على الوالدين فعله تجاه الطفل المصاب بحالة البوال؟

1- تشجيع الطفل على التوقف عن التبول في الفراش أو الملابس متى أحس به، ثم الانطلاق نحو دورة المياه؛ لإكمال التبول هناك.

2- وفي حالة تبول الطفل في الفراش يجب أن تغير ملابس الطفل المبتلة، وتوضع ملاءة جافة فوق الموضع المبتل من السرير، ولكي نساعد الطفل على الاستقلال، وتحمل المسئولية، نضع بجانب سريره ملابس بديلة (بيجامة مثلاً)، وملاءة سرير بديلة بحيث يغيرهما بنفسه إذا حدث تبول في الفراش.

3- وفي الصباح يجب أن نشجِّع الطفل على القيام بغسيل ملابسه وملاءة السرير المبتلة.

4- لا يلام الطفل، ولا يعاقب، ولا يعـير؛ لأن هـذه الأشياء هـي التـي تحـدث مـضاعفات نفسية خطيرة لدى الطفل.

5- يستحب تغليف المرتبة بالبلاستيك أو وضع مفرش بلاستيك تحت مـلاءة الـسرير حتـى يسهل تنظيف السرير.

6- يمكن ارتداء ملابس داخلية سميكة نسبيًا أثناء النوم، وذلك بغرض ضمان تدفئة كافيـة للطفل.

* * *

اضطـــــــراب التغوط
(Encopresis)

تعريفه:

هو نمط من إخراج البراز في أماكن غير مناسبة، سواء كان ذلك إراديًا أو لاإراديًا.

معدل الانتشار:

في الأحوال الطبيعية يحدث تحكم في الإخراج في 95% مـن الأطفـال في سـن الرابعـة، وفي 99% من الأطفال في سن الخامسة.

إذن فمعدل الانتشار هو 5% في سن الرابعة، و1% في سن الخامسة، وتزيد نـسبة حدوثـه في الأولاد مقارنةً بالبنات بنسبة (1:2).

☚ الأسباب:

في هذا الاضطراب تتشابك العوامل الفـسيولوجية مـع العوامـل النفـسية بطريقـة معقـدة تستدعي فحصًا للطفل من الناحيـة الجـسمية والنفـسية والاجتماعيـة، ويمكـن أن نـوجز هـذه العوامل فيما يلي:

1- عدم كفاءة التدريب على التحكم الغائطي، ويعتبر هذا العامل من أهم العوامل، وهـو يظهر في إحدى الصورتين التاليتين:

✎ التساهل: حيث لا تهتم الأم بتدريب طفلها عـلى التغـوط في المكـان المناسـب، وفي أوقات محددة، وربما يغريها بـذلك وجـود الحفاضـات (pampers)؛ فالطفـل يلبس الحفاضـة معظم الوقت، وبالتالي لا يتعلم التحكم مهما امتد به العمر.

✎ الشدة: فالأم هنا تمارس التحكم الشديد في عملية التدريب على التغوط، وبهذا تدخل في صراع مع الطفل، فيحدث تثبيت عند المرحلة الشرجية أو يحدث عناد منا لطفل ضد ضغط الأم، أو يصبح الطفل قلقًا أو محبطًا أو غاضبًا أو خائفًا، وفي هذه الظروف ربما يكون التغوط في الأماكن غير المناسبة نوع من العدوان على الأم المتحكمة والمتسلطة، والأم تستجيب بمشاعر متناقضة نحو طفلها؛ فهي تحبه لأنه ابنها، وتكرهه لأنه يفعل شيئًا مقززًا، وهذا الجو يمكن أن يهيئ لاضطرابات نفسية في المراحل التالية منها: العناد، والوسواس (خاصةً وسواس النظافة)، والقلق، والاكتئاب.

2- النكوص: بمعنى أن يرتد الطفل إلى مراحل مبكرة في النمو النفسي؛ لأنه يتحمل ضغوط المرحلة الحالية.. فبعد أن كان متحكمًا في بوله وبرازه لفترة كافية (سنة أو أكثر)، نجده يفقد هذا التحكم مرة أخرى بعد ولادة طفل جديد، وانشغال أمه عنه.

ويحدث هذا النكوص أيضًا إذا أصيب الطفل بمرض أو أدخل مستشفى أو أجريت له عملية جراحية أو عند دخوله الحضانة أو المدرسة.

3- السلس الفيضاني (overflow incontinence):75% أو أكثر من الأطفال المصابين باضطراب التغوط يكون هناك حالات إمساك تؤدي إلى احتجاز السوائل، مما يؤدي إلى سلس فيضاني من وقت لآخر.

4- وجود اضطرابات نفسية لدى الطفل: مثل القلق أو الخوف أو الاكتئاب أو ضعف القدرات العقلية.

وقد تنتج هذه الاضطرابات عن مشكلات أسرية مثل الشِّجار الدائم بين الوالدين أو انفصالها أو اضطراب العلاقة بين الطفل وأحد والديه أو كليهما أو الغيرة الشديدة... إلخ.

5- وجود اضطرابات سلوكية: وجـد أن بعـض حـالات اضـطراب التغـوط تكـون مـصحوبة بمشكلات نمائية عصبية (Neurodevelopmenlal problems).

6- ضعف التحكم الشرجي: نتيجة مشكلات عصبية أو عضلية.

7- القولون المتضخم لأسباب نفسية: (psychogenic Megacolom) حـين يكـون التغـوط مؤلمًا لأي سبب من الأسباب أو حين يصاحبه خوف أو قلق، نتيجة المعاملة الجافـة مـن الأم أثناء هذه العملية، فإن الطفل ينشأ لديه خوف من عمليـة التغـوط، بهـذا يـتراكم الـبراز في القولون، فينتفخ القولون، ويفقد حساسيته للضغط الغائطي، ولذلك لا يشعر الطفل برغبـة للتغوط مهما امتلأ القولون، وينتج عن ذلك احتجاز كمية كبيرة مـن الـبراز الأكـثر سـيولة خلف البراز المتصلب، وعندما يزداد ضغط البراز السائل يحدث فيضان غائطي.

الصورة الإكلينيكية والتشخيص: (طبقًا لدليل التشخيص والإحصاء الرابع):

أ- تغوط متكرر في أماكن غير مناسبة، (مثل الملابس أو عـلى الأرض)، سـواء كـان إراديًا أو غير إرادي.

ب- على الأقل يحدث هذا مرة كل شهر لمدة لا تقل عن ثلاثة شهور.

جـ- عمر الطفل الزمني لا يقل عن 4 سنوات، (أو ما يكافئها) في المستوى النمائي.

د- وهذه الاضطرابات ليست نتيجة مباشرة لتأثير عقاقير (مثل: الملينـات)، أو حالـة طبيـة عامة باستثناء الحالات التي تحدث نتيجة آليات تتضمن الإمساك.

ويقسم اضطراب التغوط إلى أحد النوعين التاليين:

1- مع إمساك وسلس فيضاني.

2- بدون إمساك وسلس فيضاني.

الفحص الطبي والاختبارات المعملية:

على الرغم من عدم وجود اختبار نوعي محدد لتشخيص هذه الحالة؛ فإن على الطبيب أن يقوم بفحص المريض جيدًا لاستبعاد (أو إثبات) وجود أسباب عضوية لذلك مثل مرض هرشبرنج (**Hirschsprung Disease**).. ومن الأشياء البسيطة فحص البطن لاستكشاف وجود انتفاخ أو غازات أو سوائل زائدة محتجزة نتيجة وجود إمساك، كما يمكن التأكد من ذلك أيضًا بعمل أشعة على البطن.

وهناك اختبارات لقياس كفاءة العضلات القابضة الشرجية؛ لأن ارتخاء هذه العضلات يمكن أن يؤدي لضعف التحكم، كما أن انقباضها الشديد يؤدي إلى إمساك مع سلس فيضاني، لكن عادةً لا نلجأ إلى هذه الاختبارات في الحالات البسيطة إذا كانت هناك أسباب نفسية واضحة.

التشخيص الفارق:

يجب التفرقة بين هذا الاضطراب الوظيفي وبين اضطرابات عضوية أخرى تؤدي إلى عدم التحكم في التغوط مثل:

1- مرض هرشسبرنج : وفيه يتضخم القولون نتيجة غياب العقد العصبية (**Aganglionic Megacolon**)، وهنا يفقد الطفل الإحساس بالتبرز، ولذلك يتم خروج البراز بالتدفق الفيضاني.

2- أمراض عضوية في فتحة الشرج أو القولون: مثل التأثيرات الجانبية

لبعض الأدوية أو الاضطرابات العصبية أو اضطرابات الغدد الصماء أو وجـود التهابـات أو شرخ بفتحة الشرج... إلخ.

المســـار والمآل:

يعتمـد مـسار ومـآل المـرض عـلى الـسبب، وعـلى الإزمانيـة، وعـلى شـدة الأعـراض، وعـلى الاضطرابات السلوكية المصاحبة.

وفي كثير من الحالات يتوقف هذا الاضطراب تلقائيًا، ونادرًا ما يستمر حتى سـن المراهقـة، والحالات التي تستمر غالبًا مـا يكـون فيهـا مـشكلة عـضوية تتـصل بـسلامة وكفـاءة العـضلات الشرجية القابضة.

المضاعفات:

يؤدي هذا المرض إلى وجود حالة من التـوتر لـدى الطفـل والأسرة، وإلى اضـطراب العلاقـة بينهما، ويصبح الطفل محل اشمئزاز وغضب من والديه وأقرانه، ويصبح كبش فـداء لكثـير مـن الأشياء أو الأحداث السيئة، ولهذا نجد احترامه لذاته يتـدهور، يـصاحب ذلـك إحـساس بالنبـذ والدونية والغضب.

وربما يعبر الطفل عن غضبه تجاه الأسرة بمزيد من التغوط، وكأنه يعاقبهم على مـشاعرهم السلبية نحوه، بل ربما تصبح هذه هي الوسيلة الوحيدة التي يعبر بها عن غضبه، وأحيانـًا يبـدو الطفل غير مبالٍ بما يحدث أو يكون في حالة أشبه بالتبلد الانفعالي.

وفي كثير من الأحيان يخشى الطفل الذهاب إلى الرحلات المدرسية أو زيارة الأقـارب؛ فيزيـد ذلك من عزلته، وربما اكتئابه.

العـــلاج:

عند قدوم الأسرة والطفل للعلاج يلزم تخفيف حالة التـوتر والغـضب لـدى الأسرة، والحـد من التوجيهات العقابية تجاه الطفل، وعلى الجانب الآخر يحتاج

الطفل في نفس الوقت لتخفيف مشاعر الذنب والخجل والقلق والغضب، وهذا يستدعي توضيح الأمور للطرفين بشكل مبسط، وتصحيح المفاهيم الخاطئة والتوجيهات الخاطئة بهذا الاضطراب قبل البدء في العلاج.

وإذا كان الطفل يعاني من إمساك مع سلسل فيضاني، (وهذا يشكِّل أكثر من 75% من الحالات)، فيحسن استخدام مليِّن بجرعة مناسبة مع تنظيم أوقات دخول الحمام، أما إذا لم يكن هناك إمساك، فيكفي تنظيم أوقات دخول الحمام.

ويصاحب ذلك برنامج للعلاج السلوكي بهدف تدعيم ضبط التغوط في أوقات منتظمة، وجعل عملية التغوط عملية بسيطة، يشعر أثناءها الطفل بالارتياح، وبعدها بالتشجيع والمكافأة المناسبة؟

وفي الحالات التي يعاني فيها الطفل من حالات قلق أو اكتئاب أو غضب؛ فإنَّ للعلاج النفسي التدعيمي وتمارين الاسترخاء أثر جيد في تحسين الحالة النفسية للطفل.

ولا ننسى العلاج الأسري في الحالات التي نلحظ فيها اضطرابات أسرية مؤثرة سواء كانت سببًا أو نتيجة لاضطراب التغوط.

* * *

التخلف العقلي

تمثـل حـالات التخلـف العقـلي 1% مـن المجتمع، وهي تختلـف في درجاتها؛ فهنـاك التخلـف العقلي البسيط والمتوسط والشديد، وفي كلِّ الحـالات تكون هناك ثلاث مشكلات أساسية:

الأولـــى:

وظائف عقلية منخفضة أو ما نعبِّر عنه بانخفاض مستوى الذكاء، وهذا الانخفاض يمكن قياسه بواسطة اختبـارات الـذكاء المعروفة، وعـلى أسـاس مستوى الذكاء يمكن تحديد خطة العلاج للطفل المتخلف، وكيفيـة تأهيله، وهذه الوظائف العقلية المنخفضة تكون ناتجة عن عطب في المخ، وفي أغلب الأحيان يكون هذا العطب دائمًا، ولا يسهل تغييره.

الثانيـــة:

انخفـاض في الوظـائف التكيفيـة: أي أن الطفـل ذا الوظـائف العقلية المنخفضة يعجز عن التكيف مع الواقع خاصةً إذا كانت توقعـات المحيطين به أكبر من إمكانياته العقلية.

الثالثـــة:

اضطرابات أخرى مصاحبة: كالصراع، أو الذهان، أو ضعف الانتباه، أو اضطراب السلوك، أو التبول اللاإرادي... إلخ.

والطفل المتخلف عقليًا يمثل عبئًا نفسيًا واجتماعيًا على الأسرة في حالة رفضها لهذه الإعاقة، وعدم تقبلها للطفل.

وهناك موقف آخر أكثر إنسانية يتقبل الطفل بإعاقته، ويحاول مساعدته بشكل واقعي، يقدر عليه الطفل، ومحاولات العلاج لا تستطيع كثيرًا تحسين الوظائف العقلية، ولكنها تستطيع أن تساعد على تحسين الوظائف التكيفية بما يضمن قدرة الطفل على التعامل الأفضل مع البيئة، وذلك بتدريبه على العناية بنظافته الشخصية والقيام ببعض الأعمال المفيدة كشراء احتياجاته، واستخدام التليفون، والقيام ببعض الأعمال البسيطة والمفيدة... إلخ.

هذا بالإضافة إلى علاج الاضطرابات المصاحبة كعلاج الصرع أو الذهان أو ضعف الانتباه.

هناك بعد آخر للتعامل مع الطفل المتخلف، فيجب أن يتقبل الأبوان هذا الطفل بحالة من الرضا؛ لأن حكمة الله ﷻ اقتضت ذلك، والطفل المتخلف له عطاء غير منظور في الأسرة؛ فهو ربما يكون مصدرًا للبركة والرحمة تنزل عليهم من الله، بسبب رعايتهم لهذا الطفل، وأن ضعف هذا الطفل يفجِّر مشاعر العطف والحنان والرعاية والمسئولية نحوه، فيكتسب أفراد الأسرة القدرة على رعاية الضعيف.

ورعاية الطفل المتخلف (أو الشخص الضعيف عمومًا) تعتبر من مقاييس حضارة الأمم؛ فالحضارة في رأي كثير من العلماء تقاس بمدى رعايتها للضعيف، والرسول صلى الله عليه وسلم كان كثيرًا ما يوصي بالضعفاء، وهي أيضًا وصية الأنبياء جميعًا - عليهم السلام.

ولا ينسى الأبوين العطاء الأخروي الذي ينتظرهم نتيجة رعايتهم للطفل المتخلف، فربما يكون هو سبب دخولهم الجنة، وبذلك يكون أكثر إفادةً من بقية إخوته الأذكياء.

والطفل المتخلف لديه قدرات جسمانية كبيرة يمكن الاستفادة منها، ولديه قوة على التحمل والمثابرة، ربما لا تتوفر للأذكياء، فإذا أمكن توظيف هذه القدرات كان نافعًا لنفسه ولأسرته.

* * *

اضطرابات التعلم

التعريف:

هي نقص في اكتساب المهارات المتوقعة في القراءة أو الكتابة أو التحدث أو الإنصات أو التفكير المنطقي أو الرياضيات، مقارنةً بأطفال في نفس السن، ولديهم نفس مستوى الذكاء.

وصعوبات التعلم ليست نادرة؛ فهي تصيب حوالي 5% من أطفال المدارس، وتؤثر اضطرابات التعلم تأثيرًا واضحًا على المستوى الدراسي للطفل (على الرغم من كونه يتمتع بذكاء عادي)، وتؤدي إلى شعوره بالإحباط والدونية، وإلى اضطراب تكيفه مع المجتمع الدراسي، ومع الأسرة، ويمكن أن تدفعه للتهرب من الدراسة.

وقد يصاحب هذه الاضطرابات حالات ضعف الانتباه (زيادة الحركة)، أو حالات اضطرابات السلوك:

اضطراب القراءة:

يعرف اضطراب القراءة (طبقًا للدليل التشخيصي الرابع المعدل **DSM- IV- TR**) بأنه مستوى من الإنجاز في القراءة أقل مما هو متوقع في مثل سن الطفل، وتعليمه وذكاءه، وأن الإعاقة في القراءة تشكل صعوبةً واضحةً في الأداء الأكاديمي (المدرسي)، وفي النجاح في الأنشطة اليومية التي تكون القراءة جزءًا منها.

وإذا كانت هناك إصابات في الجهاز العصبي أو اضطرابات في الحواس، فإن الصعوبة في القراءة تتجاوز ما هو متوقع في مثل تلك الحالات، والطفل هنا يجد صعوبة في التعرف على الكلمات، وإذا قرأ فيكون بشكل بطيء، وقراءته مليئة

بالأخطاء، ولا يفهم ما يقرأ جيدًا.

ويلاحظ أن الأطفال المصابين بضعف الانتباه (زيادة الحركة) يكثر بينهم اضطراب القراءة.

معدل الانتشار:

تتراوح نسبة انتشار اضطراب القراءة من (2 إلى 8%) من أطفال المدارس، وتزيد النسبة في الذكور مقارنةً بالإناث (1: 4).

الإمراضية المصاحبة:

يصاحب اضطراب القراءة عدد من الاضطرابات الأخرى نذكر منها: ضعف الانتباه (زيادة الحركة) (في 25% من الحالات)، واضطراب السلوك، والاكتئاب، والقلق، والسلوك العدواني.

الأسباب:

لا يوجد سبب واحد مؤكد لهذا الاضطراب، وإنما توجد عدة عوامل متضافرة مثل العوامل الجينية (اضطراب في الجين 6، والجين 15)، والعوامل النمائية (العدوى أثناء الحمل)، أو العوامل البيئية (صعوبات الولادة أو إصابات المخ).

وفي معظم الحالات تكون هناك صعوبة في مهارات معالجة الأصوات (**Deficit in phonological processing skills**)؛ فهؤلاء الأطفال لا يستطيعون التعرف بدقة وكفاءة على أجزاء الكلمات، وبالتالي لا تتكون لديهم برمجة صوتية سليمة.

ووجد أن بعضهم يكون لديه غموض في سيادة أحد فصي المخ أو أن الاتصال بين الفص الأيمن والفص الأيسر تشوبه بعض الإعاقات.

🚓 العــــلاج:

يستحب أن يبقى هؤلاء الأطفال في الفصول العادية مع إعطائهم حصصًا إضافية؛ لتحسين مهارات القراءة، وهناك عدة برامج لتحسين تلك المهارات أهمها ذلك البرنامج الـذي يقـوم عـلى الربط الصحيح بين الحرف والصوت، ثم ينتقل بعد ذلك للربط الصحيح بـين الكلمـة والصوت، وأخيرًا الربط بين الجملة والصوت.

ولا ننسى تعليم الطفل المهارات الاجتماعية التي تنقصه بسبب هذا الاضطراب، ولا ننسى الاهتمام بالآثار النفسية السلبية التي لحقت به نتيجة صعوبات القراءة.

اضطرابات الحساب:

وفيها نرى صعوبة لدى الطفل في تعلم وتذكر الأرقام، ونجد بطئًا وعدم دقة في العمليـات الحسابية، وهذه المشكلات تنشأ عن ضعف أو اضطراب في مهارات أربع هي:

1- المهارات اللغوية: المتخصصة بفهم المصطلحات الحسابية، وتحويل المـشكلات المكتوبـة إلى رموز حسابية.

2- المهارة الإدراكية: وهي القدرة على التعرف عـلى فهـم الرمـوز مثـل: الجمـع، والطرح، والضرب، والقسمة، وغيرها.

3- مهارة الانتباه: فالانتباه ضروري لنسخ الأرقام بدقة ومتابعـة العمليـات التـي تـستخدم الرموز بكفاءة.

4- ويشخص اضطراب الحساب بوجود خلل في القدرات الحسابية لا يتناسب مـع مـا هـو متوقع من عمر الطفل، ومستواه الدراسي، ودرجة ذكائه، وهذا الخلل يقاس بواسـطة مقاييس فردية مقننة.

وهذا الاضطراب يؤثر على الأداء المدرسي، وعلى الأنشطة الحياتية اليومية، وفي حالة وجود أي خلل عصبي أو حسي؛ فإنَّ الصعوبات الحسابية الموجودة تتجاوز ما هو متوقع من هذا الخلل.

معدل الانتشار:

لو أخذنا اضطراب القدرات الحسابية منفصلاً يمثل حوالي 1% من أطفال المدارس، وفي بعض الدراسات وجد أن 6% من أطفال المدارس يعانون صعوبات بدرجات مختلفة في القدرات الحسابية، والتي ربما لا ترقى كلها لدرجة اضطراب القدرات الحسابية الذي سبق وصفه.

وغالبًا ما يوجد هذا الاضطراب، ومعه اضطرابات تعليمية أخرى، وهو أكثر في الإناث عنه في الذكور.

الإمراضية المصاحبة:

كما قلنا فإن اضطراب القدرات الحسابية يمكن أن يكون مصاحبًا باضطرابات تعليمية أخرى، مثل: اضطراب القراءة، أو اضطراب الكتابة، وهؤلاء الأطفال تزيد نسبة إصابتهم باضطراب اللغة التعبيرية أو اضطراب اللغة الإدراكية أو اضطراب التآزر النمائي.

الأسباب:

ربما تلعب الجينات دورًا ولو جزئيًا في إحداث اضطراب الحساب، وكانت هناك نظرية قديمة تقول بأن هذا الاضطراب يتسبب عن خلل في نصف المخ الأيمن خاصةً في الفص الفقري حيث إن هذه المناطق مسئولة عن معالجة المؤثرات البصرية المكانية، ولكن الدراسات النفسية الفسيولوجية لم تثبت صحة هذه النظرية.

وحاليًا يسود اعتقاد بأن هذا الاضطراب يكمن خلفه عوامل متعددة: نمائية

ومعرفية ووجدانية وتعليمية واجتماعية واقتصادية... إلخ.

المسار والمآل:

الحالات الخفيفة ومتوسطة الشدة تعاني بعض الصعوبات خاصةً في المراحل الدراسية الأولى، أما الحالات فوق المتوسطة والشديدة؛ فإنها تعاني فشلاً دراسيًا، وربما تحدث مضاعفات مثل رفض الذهاب للمدرسة أو الهرب منها أو اضطرابات التكيف والسلوك.

العلاج:

وهناك محاولات عديدة للعلاج منها الربط بين تعلم مفاهيم الحساب، وبين ممارسة حلِّ المشكلات مع استخدام كروت للأرقام أو أرقام بارزة أو خشبية، مع ألعاب كمبيوتر.

ووجد أن هؤلاء الأطفال يعانون من ضعف المهارات الاجتماعية؛ لذلك يخجلون من السؤال عما لا يعرفونه لذلك يجب الاهتمام بقدراتهم ومهاراتهم الاجتماعية، ووجد أن هؤلاء الأطفال يعانون من ضعف المهارات الاجتماعية.

اضطراب الكتابة:

هو اضطراب في التعبير بالكتابة لا يتناسب مع عمر الطفل أو مستواه الدراسي أو ذكائه، ويؤثر في أدائه الدراسي، وفي حياته اليومية.

واضطراب الكتابة له عدة مكونات هي: الاضطراب في الهجاء (نطق الحروف والكلمات)، أخطاء في قواعد اللغة، أخيرًا سوء خط اليد.

معدل الانتشار:

يوجد هذا الاضطراب في حوالي 4% من أطفال المدارس، ويكثر في الأولاد مقارنة بالبنات بنسبة (1: 3) (تقريبًا مثل اضطراب القراءة).

وغالبًا ما يحدث اضطراب الكتابة مصاحبًا لاضطراب القراءة، وإنْ كان الأخير يظهر مبكرًا.

الإمراضية المصاحبة:

الأطفال المصابون بهذا الاضطراب يكونون أكثر عرضةً لاضطرابات أخرى مثل: اضطراب القراءة، واضطراب الحساب، واضطرابات اللغة الاستقبالية والتعبيرية، وتكثر أيضًا احتمالات وجود ضعف الانتباه (زيادة الحركة)، وضعف المهارات الاجتماعية، وهؤلاء الأطفال كنتيجة لذلك ربما يصابون بالشعور بالدونية أو بحالات من الاكتئاب.

☞ الأسباب:

تقريبًا مثل اضطرابات القراءة.

☞ المسار والمآل:

يعتمدان على شدة الحالة، وعلى المرحلة العمرية والدراسية التي تمَّ فيها اكتشاف المرض وعلاجه، ومدى جدية العلاج واستمراريته.

☞ العـــلاج:

يقوم بذلك مدرسون متخصصون يراعون صعوبات الطفل في الهجاء وقواعد اللغة وخط اليد، ويبدأ التدريب من خلال علاقة ودية بين المدرس (المدرب) وبين الطفل؛ لكي يتم التدريب في حالة من الارتياح والتشويق والصبر.

ويجب أن يراعي ما يعانيه هذا الطفل من اضطرابات نفسية أو اضطرابات توافق مصاحبة أو ناتجة عن الاضطراب، ويقوم بذلك معالج نفسي متخصص.

* * *

اضطرابات الأكل

تتضمن اضطرابات الأكل في فترة الرضاعة والطفولة المبكرة ما يلي: أعراض نقص الغذاء الذي يتناوله الطفل، والاجترار وإعادة مضغ الغذاء، والتناول المتكرر لمواد غير صالحة للأكل.

والأكل عملية فسيولوجية يمكن أن تتم بشكل طبيعي وتلقائي وهادئ، خاصةً وأن الطفل لديه دوافع مبكرة للحفاظ على الذات مدفوعة بعوامل بيولوجية ونفسية عديدة وعميقة، وأنه لو ترك دون ضغوط أو تدخلات غير مناسبة؛ فإنه يحصل على احتياجاته من الأكل بشكل طبيعي.

وبما أن وظيفة الأكل في فترة الرضاعة والطفولة المبكرة تتم عن طريق الوالدين (خاصةً الأم)؛ لذلك فإن كثيراً من اضطرابات الأكل تحدث نتيجة اضطراب العلاقة مع أحد الوالدين أو كليهما، كأن تصر الأم على أن يأكل الطفل كميات معينة أو أنواع معينة من الطعام في أوقات محددة؛ لذلك يرفض الطفل هذا التحكم، وهذا القهر وتصبح عملية الأكل ميدانًا للصراع بينه وبين أمه خاصةً إذا وجد الأم تتأثر وتضطرب نتيجة لاضطراب أكله؛ فهذا يعطيه شعورًا بأنه أصبح يسيطر على الأم من خلال موضوع الأكل، فيتمادى في ذلك لأن الطفل يسعد بأن يكون محور الاهتمام من الأم أيًا كان شكل هذا الاهتمام ودوافعه ونتائجه.

وقد ورد اضطراب الأكل في التقسيم التشخيصي والإحصائي الرابع المعدل مرجعيًا (**DSM-IV- TR**)، وهو يتضمن التالي:

1- تناول مواد غير صالحة للأكل (بيكا) (**PICA**).

2- اضطراب اجترار الطعام.

3- اضطراب التغذية في مرحلتي الرضاعة والطفولة المبكرة، ولنأخذها بشيء من التفاصيل:

1- اضطراب تناول مواد غير صالحة للأكل (PICA).

والخصائص التشخيصية لهذا الاضطراب تتضمن:

(أ) التناول المستمر لمواد غير مغذية لفترة لا تقل عن شهر.

(ب) تناول المواد غير المغذية غير متناسب مع مستوى النمو.

(جـ) سلوك الأكل ليس جزءًا من الممارسات الثقافية (أي ليس معتادًا في البيئة التي يعيش فيها الطفل).

(د) وهذا الاضطراب ليس بسبب اضطراب نفسي آخر مثل التخلف العقلي أو اضطرابات النمو الشاملة أو الفصام.

وفي هذا الاضطراب نجد الطفل يأكل الطين أو الطباشير أو قطع الأثاث أو الزجاج أو الملابس أو مخلفات الحيوان أو الإنسان أو الرمل أو غيرها.

وبعض الدراسات تعزو هذا الاضطراب إلى نقص الإشباع الغذائي أو العاطفي من جانب الأم، وبعضها الآخر يفسر أكل تلك المواد الغريبة بنقص لبعض العناصر الغذائية لدى الطفل، يحاول إكمالها بتناول هذه الأشياء الغريبة.

والعلاج يكون إرشاديًا للأسرة بتحسين الجو الذي يعيش فيه الطفل، وتحقيق الإشباع الغذائي والعاطفي، وأحيانًا يكون نفسيًا للطفل أو للأم أو لكليهما.

2- اضطراب الاجترار:

وتتلخص الخصائص التشخيصية لهذا الاضطراب فيما يلي:

(أ) تكرار استرجاع الطعام، وإعادة مضغه لمدة لا تقل عن شهر بعد فترة من السواء.

(ب) هذا الاضطراب ليس بسبب حالة مرضية في الجهاز الهضمي أو حالة مرضية عامة (مثل الارتجاع المريئي).

(جـ) هذا الاضطراب ليس بسبب الفهم العصابي أو الشره العصابي.

ويجب أن نفرق هذه الحالة من حالات بسيطة مشابهة تحدث في كثير من الرضع، والأطفال حيث يتم ترجيع جزء بسيط مما رضعه الطفل وتسمِّيه الأمهات «كشط» لا يؤثر في وزن الطفل أو حالته الصحية، أما الاجترار؛ فهو يؤدي إلى فقد الوزن أو الفشل في الوصول إلى الوزن المتوقع لمرحلة عمرية معينة.

وقد لوحظ أن أمهات هؤلاء الأطفال يكن غير ناضجات، ولديهن اضطرابات انفعالية كثيرة وعلاقات مضطربة بأزواجهن، وكنتيجة لذلك يشعر الطفل بالحرمان، فيجتر الطعام، ويعيد مضغه وابتلاعه كتعويض عن نقص مشاعر الحبِّ والاهتمام.

وهناك دراسات أخرى تفسِّر الاضطراب على خلفية بيولوجية مثل اضطراب في المعدة والمريء يسبب ارتجاع الطعام، وهذا الاضطراب يمكن أن يكون لمرض في المعدة أو المريء أو نتيجة لإشارات عصبية مضطربة تصل إليها من جهاز عصبي مضطرب.

والعلاج يتوجه نحو الاهتمام بالحالة الجسمانية للطفل، وأعراض نقص التغذية إضافة إلى تهيئة بيئة عائلية مناسبة، وتوجيه الاهتمام نحو الأم ومساعدتها في حلِّ مشكلاتها النفسية والاجتماعية.

وهناك طرق سلوكية لإطفاء سلوك الاجترار مثل: وضع مادة لاذعة في فم الطفل عند حدوث الاجترار (مثل عصير الليمون بدون سكر أو أي عصير حمضي آخر).

3- اضطراب التغذية لدى الرضع وصغار الأطفال.

وتتلخص خصائص هذا الاضطراب في التالي:

(أ) اضطراب التغذية كما يتبيِّن في الفشل المستمر في تناول الطعام الكافي مع فـشل واضـح في اكتساب الوزن أو فقد واضح للوزن في فترة لا تقل عن شهر.

(ب) هذا الاضطراب ليس بسبب حالة مرضية في الجهاز الهضمي أو حالة طبية عامة (على سبيل المثال: الارتجاع المريئي).

(ج) وهذا الاضطراب ليس بسبب اضطراب نفسي آخر (مثل الاجترار)، وليس بسبب نقـص الطعام المتاح.

(د) وبداية المرض تكون قبل 6 سنوات.

فهؤلاء الأطفال لا يتناولون كفـايتهم مـن الطعـام، وبالتـالي لا يـصلون إلى الـوزن المناسـب لعمرهم، ولا يوجد سبب طبي واضح لذلك، ويبلغ معدل حدوث هذا الاضطراب حوالي 3% من الرضع والأطفال.

ومعظم الأطفال يمرون ببعض المشكلات في التغذية في السنة الأولى مـن العمـر، ولكـن مـع التعامـل الهـادئ والجيـد تمـرُّ هـذه المـشكلات دون أن تتطـور لاضـطراب تغذية، ودون أن يؤثر ذلك في معدل النمو تأثيرًا واضحًا.

وقد لوحظ أن 70% من الأطفال الذين يعانون من اضطراب التغذيـة تكـون لـديهم أيـضًا مشكلات، ولو بدرجة أقل في التغذية في المراحل التالية من العمر.

ويكون العلاج بتقييم التفاعل بين الطفل والأم بهدف معرفة وتصحيح

الأخطاء في ذلك التفاعل مع تعليم الأم احتياجات الطفل من الغذاء، ومساعدتها للسيطرة على قلقها تجاه تغذية الطفل، ذلك القلق الذي يدفعها للضغط على الطفل لتناول غذائه، وهذا ما يجعل الطفل يأخذ موقفًا معاندًا أو يعطيه رسالة بأن مسألة الغذاء تصلح لجذب اهتمام الأم، والسيطرة على مشاعرها.

* * *

اضطرابات اللازمة

Tic Disorders

تعرف اللازمة على أنها انقباضة عضلية سريعة ومتكررة، ينتج عنها حركة أو صوت يخبرهـا الشخص، وكأنها لاإرادية، واللوازم توجد في الأطفال والمراهقين بشكل منقطع وأحيانًا دائم.

وعلى الرغم من أن اللازمة تبدو لاإرادية إلا أن بعض الأشخاص يستطيعون ضـبطها لـبعض الوقت.

وتقسم اللوازم إلى أربعة أنواع:

1- اضطراب توريت: وهو يتكون من لوازم حركيـة، وأخـرى صـوتية، وهـي تحـدث مـرات عديدة في اليوم لمدة تزيد عن سنة.

2- اضطراب اللازمة الحركية أو الصوتية المزمن: وهنا توجد إمـا لزمـة حركيـة أو صـوتية، لكن لا يوجد الاثنان معًا، وتحدث اللازمة مرات عديدة في اليوم لمدة تزيد عن سنة، وتحدث قبل سن 18 سنة.

3- اضطرابات اللازمة العابر: ويتميز بوجود لازمة واحدة، أو متعددة، حركية أو صوتية، أو كل يوم لمدة لا تقل عن أربعة أسابيع، ولا تزيد عن 12 شهرًا متواصلة، وتحدث قبـل سن 18 سنة.

4- اضطراب اللازمـة غـير المـصنف في مكـان آخـر: وهـي اللـوازم التـي لا تنطبـق عليهـا الخصائص السابقة، كأن تكون مدتها أقل من أربعة أسابيع أو تحـدث بعـد سـن 18 سنة.

وأسباب اللوازم ترجع إلى عوامل جينية، وأخـرى كيميائيـة (اضطراب الـدوبامين في المـخ)، وأخرى في جهاز المناعة، وهناك أسباب نفسية مثل حالات

القلق، والتي يعبر عنها الطفل باللازمة الحركية أو الصوتية، فإذا جذبت هذه اللوازم الأبوين سواء بشكل سلبي أو إيجابي، فإن ذلك يؤدي إلى تعزيز هذه اللوازم.

وتظهر اللوازم في صور كثيرة منها حركة مفاجئة ومتكررة وغير منتظمة في الرقبة أو في الكتف، أو في العين أو عضلات الوجه أو أحد الأطراف، أو صوت نحنحة أو تنظيف للحلق أو ترديد كلمة أو مقطع من كلمة من وقت لآخر.. والطفل يكون مدركًا لها، ولكنه لا يستطيع التوقف عنها بالكامل، وإن كان يستطيع تأجيلها في ظروف معينة لبعض الوقت.

واللازمة إنْ كانت حديثة العهد؛ فعلاجها هو إهمالها حتى لا تكون وسيلة لجذب الانتباه، أما في الحالات المرضية أو الشديدة؛ فيعطي المريض علاجًا كيميائيًا مثل: الهالوبيريدول (Haldol)، والترايفلوبيرازين (Stelasil)، والبيموزيد (Orap)، والأولانزابين (Zyprexa)، ومجموعة استرداد السيروتونين النوعية (SSRIS)، إضافةً إلى العلاج النفسي، خاصةً في الحالات المزمنة، أو العلاج السلوكي.

* * *

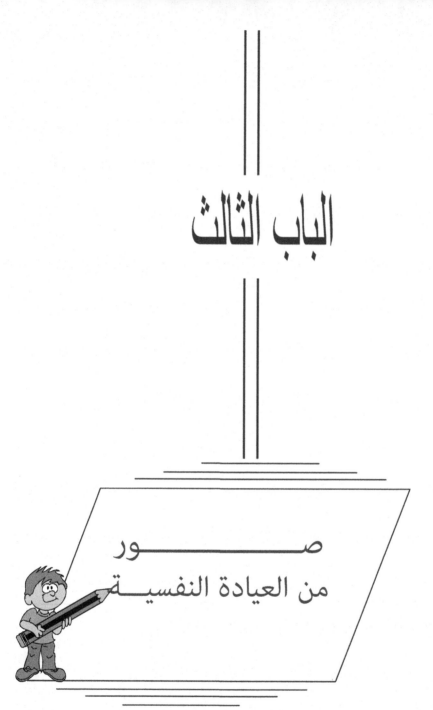

الباب الثالث

صـــــور
من العيادة النفسيــة

أحـــزان الطفولة

دخلت مريم الصغيرة ذات الأعوام السبعة، ضئيلة الجسم، دقيقة الملامح، إلى العيادة النفسية بصحبة أبويها، وهي تبكي بكاءً تتقطع له القلوب، وتتحرك في الحجرة بقلق شـديد بين أبيها وأمها، طالبةً منهما السماح، وهي تردد:

«أنا مت يا بابا.. أنا مت يا ماما.. مـا تزعلوش عـشاني.. أنـا خايفة تموتـوا أنتم كمان.. سامحوني لو كنت أنا السبب».

وفشلت كـلُّ محـاولات الأم والأب (القلقيـن المضطربين) في تهدئـة هـذه الـصغيرة الباكيـة الخائفة النادمة الحزينة.

ووسط هذا الجو بدأت الأم تتكلَّم:

«ابنتي في الصف الثاني الابتدائي في إحـدى مـدارس اللغـات الممتازة، وهي الأولى دائمًا منذ كانت في الحضانة، ودائمًا تحصل علـى الـدرجات النهائيـة في كـلِّ العلـوم؛ لأنهـا ذكيـة جـدًّا، وأنـا ووالدها دائمًا معهـا؛ نـذاكر لهـا كـلَّ شيء، ونراجـع معهـا كلمـة بكلمة، وهذا بجانب المدرسين الخصوصيين، وكنا سعداء جـدًّا بها، ولكن منـذ أسـبوع ظهـرت نتيجـة امتحـان الـشهر، وكانت مفاجـأة «فاجعـة» لنـا جميعًـا، فقـد نقـصت درجتـين في مـادة الحساب، ولم يكن ذلك متوقعًا أبدًا منها، لذلك خاصـمها أبوهـا، ولمتها أنا، وذهبنـا لإدارة المدرسة؛ لنتأكد أنه لم تحدث مشكلة أو خطأ في رصد الـدرجات.. المهـم تجاوزنـا هـذه المـشكلة بعـد أن اتفقنا على ما يجب عمله حتى لا يتكرر هذا مرة أخرى في المستقبل، ولكننا

فوجئنا بها لا تريد الاستيقاظ في الصباح، وإذا ألحينا عليها تصحو، وهي تشكو آلامًا شديدةً في بطنها، مع إسهال وقيء، ولا تريد أن تذاكر، أو أن تحضر الدروس الخصوصية، وتبكي طوال الوقت، وتدَّعي أنها ماتت، وأننا سنموت جميعًا.. ورفضت الطعام، وأصبحت ساعات نومها قليلة، وتدهورت صحتها بشكل سريع، خاصةً أنها كانت ضعيفة الجسم من البداية.. ولست أدري سببًا لهذا؛ فأنا معها طول الوقت، وهي لا ينقصها أي شيء، وقد تركت عملي كطبيبة، وتفرغت لها تمامًا!!».

وبسؤال الأب عن الجو العام للبيت تحدَّث بفخرٍ: «نحن والحمد لله أسرة مثالية، لا توجد لدينا أية مشاكل على الإطلاق، فأنا ووالدتها متفرغينَ لها تمامًا، وحياتنا تسير بشكل منظم ومنضبط جدًّا، فعملي كمهندس كمبيوتر علَّمني أن أفعل كلَّ شيء بمنتهى الدقة والنظام، فعندما أصحو من نومي في الخامسة صباحًا اكتب البرنامج اليومي لي ولزوجتي وابنتي بالساعة والدقيقة، وهذا يجعل الأمور تسير بشكل محسوب ومرتب، وليس هناك فرصة للاضطراب والفوضى في أسرتنا، وقد تعلَّمت ذلك من أبي -رحمه الله، وكان لذلك أثر كبير في نجاحي في حياتي أنا وإخوتي، فنحن أسرة لا تعرف الخطأ أو الفشل، ونحمد الله على ذلك».

ثم تدخلت الأم في الحديث، وكأنها وجدت الفرصة مواتية لتخرج ما في صدرها؛ فقالت: «هذه هي المشكلة يا دكتور، فالبيت عندنا يسير بنظام عسكري صارم، فلا يتكلم أحد أو يتحرك إلا بحساب... تصور لكي تنتقل هذه الطفلة الصغيرة من حجرة إلى حجرة أخرى لا بدَّ وأن تفكر ألف مرة قبل أن تفعل هذا!! والويل لها لو تحركت بسرعة فاصطدمت بشيء أو كسرت شيئًا!! وغير مسموح لها أن تلمس أي لعبة من لعبها إلا في وقت محدد، وهو نصف ساعة يوم الخميس من كلِّ أسبوع!! وبيتنا لا يعرف الترفيه أو اللعب، فكلُّ شيء

موجه نحو هدف واحد هو العمل والإنجاز!!».

ومن خلال القراءة الدينامية لهذه الحالة يتضح أنها حرمت من كلِّ احتياجات الطفولة في سبيل تحقيق أهداف الأب العالية من خلال نظام صارم لا يسمح بأي نسبة خطأ أو تقصير؛ لذلك فقدت هذه الطفلة براءتها وتلقائيتها وبساطتها وحقها في المغامرة والخطأ والترفيه واللعب..

باختصار فقدت إنسانيتها وطبيعتها كطفلة، وأصبحت أداة لتحقيق أحلام الأب في التفوق والتميز والانضباط، وكانت هي متكيفة إلى حدٍّ ما مع طبيعة أسرتها، وكان العائد المعنوي الذي تجده نتيجة تفوقها يعوضها عن حرمانها من حقوقها الطفولية، ولكن حين نقصت درجتين في مادة الحساب شعرت أنها انتهت (ماتت)؛ لأن الأسرة تتعامل معها على أنها مجرد كائن متفوق، يحقق أعلى درجة من الإنجاز الدراسي، فإذا لم يتحقق ذلك؛ فإنَّ هذا يعني نهايتها (موتها)!!

وبما أن كلَّ أحلام واهتمامات الأب (وإلى حدٍّ ما الأم) متجهة نحو الإنجاز والتفوق، فإن نقص درجتين في الحساب يعني تهديدًا لكيانهما، أو لحياتهما؛ لأن حياتهما لا تساوي شيئًا بدون تحقيق أقصى درجات التفوق.

ومن هنا نفهم تعبيرات هذه الطفلة الحزينة، وهي تعلن أنها ماتت، وأنها تخاف لأن أباها وأمها سوف يموتان، ونفهم أيضًا شدة اكتئابها؛ لأنها فقدت كلَّ شيء عندما اهتز تفوقها، وكأنها أصبحت كائنًا دراسيًا ليس له أي قيمة إلا بمقدار ما يحقق من إنجاز دراسي، ولما كانت قيم الأسرة لا تسامح في أي نسبة من الخطأ أو النقصان؛ لذلك وجدنا الطفلة لا تستطيع أن تسامح نفسها في نقص درجتين في مادة الحساب، لذلك دخلت إلى هذا المأزق الاكتئابي العدمي.. هذا الأمر بالنسبة لها (كما هو الحقيقة بالنسبة لأبويها) كارثة لا يمكن الخروج منها.

ويبدأ العلاج بمحاولة السيطرة على أعراض القلق والاكتئاب الحادة لدى الطفلة باستخدام بعض مضادات القلق والاكتئاب بجرعات صغيرة مناسبة لهذا السن لكي تستعيد قدرتها على النوم والاستقرار، وتناول الطعام.. وبمجرد أن تحقق هذا الهدف كان من الضروري أن يبدأ ما يسمَّى «بالعلاج الأسري»، وهو عبارة عن جلسات علاج نفسي تشمل كل أفراد الأسرة بهدف إعادة الاستبصار بمفاهيم وتصورات كل أفراد الأسرة عن أنفسهم وعلاقاتهم وأهدافهم، وتأثير ذلك على صحتهم واستقرارهم وتطورهم سلبًا وإيجابًا.

وفي هذه الحالة بالتحديد كان المطلوب هو أن يعرف الأبوين أن طفلتهما لديها احتياج حقيقي وأصيل للعب والترفيه والحب والحنان والتلقائية، ولديها الحق في المحاولة والخطأ، وتحتاج إلى مساحة كبيرة من الحرية والتسامح والتقبل، ثم يأتي ذلك الإنجاز الدراسي المتوافق مع قدرتها وميولها، ولا يكون ذلك الإنجاز بديلاً لكلٍّ ما سبق أو مكافئًا لحياة الطفلة وسعادتها وتلقائيتها وبراءتها، وأن الاهتمام بالجوانب الوجدانية والجوانب الإنسانية يجعل العملية التعليمية تساهم في تطور وتكامل شخصية الطفل دون أن تسحقها أو تقهرها.

* * *

الطفل التوحدي

لاحظت منذ طفولته المبكرة أنه مختلف عن بقية إخوته السابقين؛ فهو لا ينتظر إلى حين أداعبه، ولا يبتسم أو يضحك إلا نادرًا، وعيناه تنظران في اللاشيء، وليس فيها بريق الطفولة الذي اعتدته عند إخوته السابقين، وقد تأخر في نمو الأسنان وفي الجلوس والمشي، ولكن أكثر ما أقلقنا هو تأخره في الكلام، فقد ظلَّ حتى سن الخامسة لا يقول إلا كلمات قليلة، وحتى هذه الكلمات القليلة تكون خالية من المعنى، مثل: نظارته الزجاجية الخالية من المعنى، وهو لا يلعب مع إخوته، ولا مع أطفال العائلة، ودائمًا يجلس في أحد أركان البيت وحيدًا، ووجهه للحائط، ويقوم بحركات نمطية متكررة ليس لها مدلول معين، كأن يحرِّك رأسه للأمام وللخلف أو يصفق بيديه بدون سبب أو يأخذ أوضاعًا غريبة في مشيته أو وقوفه أو جلوسه، وقد حاولنا مرات عديدة أن نجذبه إلى بقية الأطفال، ولكنه كان يرفض بعناد شديد، حتى لعب الأطفال لا يهتم كثيراً بها، ولا يتعلق بها؛ فسرعان ما يلقيها بعيدًا ليجلس مع نفسه طول الوقت.

والغريب أنه لا يتعلق بأي شيء مثل الأطفال، فلا يطلب شيكولاتة أو حلوى أو لعبة، ولا يتعلق بأبيه حين يخرج إلى الشارع أو إلى الصلاة كما كان يفعل إخوته، أي أنه ليست له أية مطالب.

وحياته عبارة عن طقوس ثابتة وعادات محددة لا يستطيع ولا يقبل تغييرها أبدًا؛ فهو يجلس في مكان محدد، ويأكل بطريقة معينة، ويتعامل مع أشياء قليلة جدًا في البيت، ولا يقبل أي تغيير، وعندما انتقلنا من شقتنا القديمة إلى شقة

أوسع عانى معاناة شديدة حتى تأقلم على المكان الجديد، فهو يريد أن تستمر الأمور على ما هي عليه.

والآن نفكر في دخوله المدرسة، ولكنه فشل في الذهاب إلى الحضانة حيث كان يجلس وحيدًا ولا يتكلم ولا يشارك في أي شيء، ولسنا ندري ماذا نفعل معه علمًا بأننا نشعر أن ذكاءه عادي جدًّا، ولكنه غير قادر على استعماله.

التعليق على الحالة:

نحن أمام حالة اضطراب نفسي تسمَّى «التوحد» أو «الذاتوية»، ونسبة حدوثها في الأطفال خمسة لكلِّ عشرة آلاف طفل، وكنا نراها كثيرًا في مجتمعاتنا العربية، وقد ساد اعتقاد أنها حالة مرضية منتشرة أكثر في الغرب على اعتبار أننا نتعامل مع أطفالنا بقدر كبير من المشاعر والمداعبة والتفاعل في حين أن الأم في الغرب مشغولة بعملها وحياتها، ولا تحمل طفلها كثيرًا، ولا تداعبه كثيرًا؛ فينشأ فاقد القدرة على التفاعل اللفظي والوجداني، ولكن الأبحاث العلمية الدقيقة أثبتت أن هذا المرض موجود في كلِّ المجتمعات، ولكن يبدو أنه لم يكن يكتشف عندنا نظرًا لقلة عدد الأطباء النفسيين، ولقلقة دراية التخصصات الطبية الأخرى به، وأثبتت أيضًا هذه الأبحاث أنه لا توجه اختلافات بين أسر الأطفال التوحديين وأسر الأطفال العاديين بدليل أنه يوجد إخوة عاديون للطفل التوحدي، إذن فاتهام الأم أو الأب بأنهما السبب في المرض لم يعد له ما يبرره.

وقد اتضح في السنوات الأخيرة أن مرض التوحد ينتج عن خلل تركيبي وخلل كيميائي في المخ، بعضها معروف وبعضها الآخر لم يكتشف بعد، وهذا الخلل يؤثر في وظائف اللغة، ويؤثر في القدرة على التفاعل الاجتماعي، ويؤثر في السلوك بشكل عام.

وحوالي 40% من الأطفال التوحديين لديهم تخلف عقلي مصاحب

للمرض بدرجة أو بأخرى، ووجد أن الأم في فترة الحمل قد عانت من بعض الاضطرابات كالنزيف المتقطع أو المرض وتعاطي الأدوية، أو أن فترة ما قبل الولادة وفترة الولادة وما بعدها قد حدث فيها بعض المشكلات التي يمكن أن تؤثر على مخ هؤلاء الأطفال.

وثلثي حالات التوحد تستمر تعاني من بعض الأعراض حتى في سن الرشد، فيغلب عليهم العزلة والانطواء ومحدودية التفكير والتصلب، واتباع عادات وطقوس ثابتة، أما الثلث الآخر فيتحسن، ويعيش حياة شبه طبيعية.

وأفضل العلاجات لهذه الحالات هو العلاج السلوكي مع وضع هؤلاء الأطفال في فصول خاصةً تحت إشراف مدرسين وأخصائيين نفسيين يعرفون طبيعة هذا المرض، ويتعاملون معه بشكل علاجي.

وتوجد علاجات دوائية تحسِّن كثيرًا من الاضطرابات السلوكية لهؤلاء الأطفال نذكر منها: الهالوبيردول، والريسبيردون، وغيرها، وهي تؤخذ لفترات طويلة، وتساعد الأسرة والمدرسة على التعامل مع السلوكيات المضطربة لمثل هذه الحالات.

* * *

طفلي... يعمل بموتور

دخلت الممرضة إلى حجرة الكشف، وهي تتوسل إليَّ أن أسمح بدخول طفل جاء مع أبويه قبل دوره؛ نظرًا لما أحدثه في صالة الانتظار من اضطراب شديد، جعل بقيـة المـرضى ومـرافقيهم يوافقون بالإجماع على دخوله قبلهم رغم أنه آخر مَنْ حضر إلى العيادة.

وما أن انفتح الباب حتى اندفع طفل في حوالي السابعة من عمره متجهًا إلى المكتب الـذي أجلس خلفه، وراح يعبث في الأدوات والتحف الموضوعة عليه، حتى لم يعد شيء منها مكانه، ثم انطلق في باقي أرجاء الغرفة يعبث بالفازات، والزهـور الطبيعية والصناعية، والكتب الموضـوعة عـلى الأرفف، وأنا أتابع كلَّ هذا الهرج والمرج في غرفة الكشف بقلـق شديد، ولكني أحاول أن أبدو متماسكًا بحكم طبيعتـي كطبيب نفسي، يتعامل مع هـذه الحـالات في كثير مـن الأحيان، ولكن ما أثار غيظي هذه المرة هو أن أبويـه لم يحاولا إيقافه عن ذلك، بل راحا يتفرجـان عليـه، وهـو يقلب محتويات الغرفة رأسًا على عقب، وغـاظني أكـثر منظر أبيه، وهو يرمقني مـن تحـت نظارتـه السـميكة؛ لـيرى مـاذا سـأفعل حيـال هـذا الطفل المـزعج، وكأنـه يختبر مدى قدرتي عـلى السـيطرة الطبيـة أو السـحرية عليه، وكأنني أسمعه يقول بينـه وبين نفسه: «وريني هاتعمل إيه بقي يا فالح»، أو كأنه يسخر مـن الطب الـذي فـشل في إيجـاد حـل لهـذا المخلوق شـديد الاضطراب، أو أنه أراد أن يتركني أذوق بعضًا من المرِّ الذي يتجرعونه.

وهنا وجدتني ألملم أشتات نفسي التي بعثرها ذلك الطفل الذي بدأ يتسلق الكراسي والجدران، ووجدتني أحول غيظي نحو أبويه إلى موقف حازم وجاسـم، تبلور في أوامـر صـارمة للطفل بأن يجلس بجوار أمه، وتابعت إصراري على ذلك حتى جلس الطفل، وحين فعل ذلك كافأته بأن أعطيته بلوك نوت صغير كان أمامي على المكتب مع قلم جاف زهيد الثمن، وفرح الطفل بهذه الجائزة، وراح يعبث فيه ليعطيني فرصة كي استمع لتاريخ مرضه من أبويه... وهنا بدأ أبوه حديثه، وعلى شفتيه ابتسامة شامتة:

آسف يا دكتور على هذا، ولكني أردت أن تعيش مأساتنا، ولو للحظات، فنحن نعيش طول الوقت في هذا الهرج والمرج، ولا نستطيع أن نهدأ إلا حين ينام، فهو لا يكف عـن الحركـة، وكأن هناك موتورًا يعمل بداخله، ولا يسمح له بالسكون، لقد حطم كل شيء زجاجي في الـشقة، ولم يبق لدينا أي أجهزة كهربائية تعمل، فقد أتلفها جميعًا، أما البلكونات والشبابيك فقد أغلقناهـا بشبكات من السلك والحديد حتى لا يسقط منها حين يتسلقها.

ثم تابعت الأم الحديث:

المشكلة الأكبر هي المدرسة الآن، فقد استدعانا مـدير المدرسـة، ونقـل إلينا شكاوى كـل المدرسين؛ فهو لا يستطيع الجلوس على الكرسي لأكثر من دقيقتين، ولا يكف عـن الحركـة داخـل الفصل، ومعاكسة زملائه حتى يفسد عليهم تركيزهم، وهـو مـع هـذا لم يـتعلم أي شيء خـلال وجوده في الحضانة أو الصف الأول الابتدائي، رغم أنني أذاكر له كثيرًا، وأحضر له أكثر من مدرس خصوصي، ولكنه لا يركز أبدًا، وينسى بمنتهى السرعة.

* * *

الطفل البكّاء
(الدكتاتور الصغير)

هو الطفل الأول والوحيد جاءنا بعد اشتياق حيث مكثت مدة تزيد على 4 سنوات بدون حمل، ولما رزقني الله به كان هو كل شيء في حياتي، وحياة أبيه، بل وحياة العائلة كلها... تركت وظيفتي من أجله، وكلما أراد شيئًا يصرخ، وإذا تأخرت عنه، ولو دقيقة يضرب رأسه في الجدار أو في الأرض رغم أن عمره الآن سنتان، والمفروض أن يقلَّ بكاؤه في هذه السن، كما رأيت في أطفال العائلة الذين هم في مثله قبل سنة..

والمشكلة الأكبر تكون في الليل حيث يظلُّ مستيقظًا يريدني أنا وأبيه أن نلاعبه طول الوقت، فإذا غلبنا التعب، وأردنا أن ننام يبكي ويصرخ ويجري فوق السرير حتى نستيقظ، وإذا نام بعد عناء طويل؛ فإنه سرعان ما يصحو على بكاء شديد، وصراخ مستمر؛ فأحمله أنا أو يحمله أبوه، ونظلُّ ندور به في الشقة حتى يهدأ.. وفي الأسبوع الأخير زاد بكاؤه أثناء الليل لدرجة أننا لم نعد ننام، هذا بالإضافة إلى بكائه المستمر أثناء النهار، وإصراره على أن أحمله طول الوقت وألاعبه، رغم أن بقية الأطفال يمرحون ويلعبون من حوله.

وفي الحقيقة رغم حبي الشديد له إلا أنني ضقت به ذرعًا، وأحيانا أفقد سيطرت على أعصابي وأضربه، ولكني أشعر بالذنب، وأبكي وأحمله بين ذراعي حتى يهدأ أو أهدأ أنا، وقد عرضته على أكثر من طبيب أطفال لعل يكون هناك شيء يؤلمه، فأجمعوا كلهم أنه سليم تمامًا من الناحية العضوية، وأشاروا عليَّ بعرضه على طيب نفسي.

بالمناسبة أنا أذكر أنه كان أيضًا كثير الحركة، وهو جنين، ولكنني كنت أفسِّر ذلك بأنه استجابة لحالتي النفسية السيئة في ذلك الوقت، بسبب ضغوط نفسية تعرضت لها، أو لأنني أنا نفسي عصبية، وللعلم أبوه أيضًا عصبي، وصوتنا دائمًا مرتفع، ونثور أنا وهو لأتفه الأسباب.

التعليق على الحالة:

هذا الطفل عرف طعم القلق والاضطراب، وهو ما يزال جنينًا في بطن أمه حيث كانت أمه مضطربة نفسيًا، وكان هذا الاضطراب يصله في صورة زيادة في الأدرينالين، والكورتيزول، ومواد كيميائية أخرى، وحين ولد عاش بين أبوين عصبيين ثائرين أغلب الوقت، ولأتفه الأسباب، فوصَّلته رسالةً مؤكدةً مفادها أن الحياة غير آمنة، وأنها في حالة صخب وثورة دائمين، ولكن مع هذا وجد الجميع يحملونه ويدللونه ويلاعبونه طول الوقت، فأصبح يشعر بالأمان فقط حين يكون محط الاهتمام والرعاية، وينزعج جدًّا حين تغمض عنه العيون، أو يبتعد عن دائرة الاهتمام، ولو لحظة.

وقد تعلَّم من خلال تجاربه البسيطة أن البكاء يستدعي اهتمام الجميع، وخاصةً الأم؛ لذلك أصبح البكاء هو سلاحه الوحيد للسيطرة على البيئة من حوله، ولإشباع حاجاته النرجسية في أن يظلَّ محور الاهتمام طول الوقت، وكأنه هو مركز الكون، والكلُّ يدور حوله.

وقد أعطى له البكاء شعور بالقدرة والسيطرة على من حوله أي أنه أصبح ديكتاتورًا مستبدًا يتحكم في أمه وأبيه طول الوقت، ويريد منهم الإذعان لاحتياجاته، وألا تغفل أعينهم عنه لحظة.. وعلى الرغم من صغر سنه إلا أنه يشعر أن أمه تشعر بالذنب حين تحاول أن تهمله أو تضربه، ولذلك فهو يبتز مشاعرها طول الوقت، ويدعها في حيرة بين تلبية كل مطالبه، وبين الضيق والضجر من سلوكه المزعج، وتكون النتيجة تراكم

مشاعر متناقضة داخل الأم نحو هذا الطفل المشكلة.

والعلاج يبدأ من الأم التي يجب أن تتعلَّم السيطرة على مشاعرها حيث تتمكن من أن تمارس نوعًا من الحزم الطيب مع هذا الطفل المزعج، وتعرف أنها ليست مطالبة بالضرورة أن تلبي كل احتياجاته طوال الوقت، وتستطيع أن تهمل بكاءه معظم الوقت، دون أن تشعر بالذنب أو تكون في حالة صراع.

ومع الوقت سيتعلَّم الطفل أن البكاء سلاح لا يجدي، إضافةً إلى ذلك يجب أن يسود البيت جو من الهدوء والطمأنينة؛ ليشعر الطفل بالأمان، وهذا يتطلب أن يراجع الأبوان قلقهما ومخاوفهما، ويتغلبان عليهما، وأن يتعلما التحاور في هدوء، وأن تكون استجاباتهما للأحداث هادئة ومنطقية.. وعندئذ يشعر الطفل بالأمان، ويصبح قادرًا على أن يترك حضن أمه، وينطلق ليلعب مع رفاقه مثل باقي الأطفال. وإلى أن تتحقق هذه الأهداف يمكن إعطاء الطفل جرعات صغيرة جدًّا من أي مهدأ بسيط حتى يتمكن من النوم ليلاً، ويعطي فرصة لأبويه ليأخذا قسطهما من الراحة.

* * *

طفلي... الخائف المتردد

«لي طفل في السنة الثالثة الابتدائي يتمتع بذكاء مرتفع، ويذاكر دروسه بشكل جيد، ويحصل دائمًا على أعلى درجة بين زملائه، ومع هذا عندما يطلب منه المدرسون الإجابة عن سؤال أمام زملائه في الفصل، يصاب بحالة من الخوف والاضطراب، ويتعلثم في الكلام، وينطق الحروف بطريقة غير صحيحة، ويفشل تمامًا في الإجابة، رغم معرفته الجيدة لها.. ويحدث هذا معي أيضًا في البيت حين أفاجئه بسؤال معين، ولذلك كثيرًا ما أعنفه أنا أو أبوه بسبب هذا الشيء؛ لأننا في بيئتنا نعتبر أن هذا الخوف عيب كبير لا يليق بإنسان سيصير رجلاً في يوم ما، ولكن كلما فعلنا ذلك زاد خوفه وتردده واضطرابه.. فماذا أفعل؟!».

هذا الطفل الذكي شديد الحساسية نحو الخطأ ونحو النقد، يظهر خوفه وتردده في المواقف الاجتماعية؛ لأنه استقر في وعيه من طريقة نشأته أنه لا يجب أن يخطئ أبدًا؛ لذلك إذا ساوره شكٌّ في أن إجابته تحمل، ولو 1% من الخطأ؛ فإنَّ قلقه يزداد، ويتعلثم لسانه، وترتعد فرائصه، ويفضِّل السُّكون على المغامرة بالإجابة حتى لا يتعرض للانتقاد أو السخرية أو الرفض.

وأهم شيء يحتاجه هذا الطفل هو القبول من الأم والأب، ثم من الأسرة كلها، قبول غير مشروط، يشعر معه أنه محبوب، وأن كلامه محبوب، وأن الأبوين ينصتان إليه في هدوء وراحة وسعادة، ولا يستعجلانه في الكلام، ولا ينتقدان طريقة كلامه، ولا يعنفانه، بل على العكس يفرحان بكلِّ كلمة ينطقها ويستوعبانها ويتفهمانها، ويستجيبان لها، عندئذٍ سيشعر أن كلامه له وقع حسن

على الناس، فيشجعه ذلك على مزيد من التعبير عن نفسه دون خوف أو تردد.

وفي حالة هذا الطفل الحسَّاس الذي يفتقد إلى الثقة بالنفس، يجب أن يقلل المحيطون بـه من انتقاده أو توبيخه أو الصراخ في وجهه أو استعجاله للإجابة عـن تساؤلاتهم، أو لومـه حـين يعجز عن الإجابة؛ لأنه يحتاج إلى الطمأنة، وإلى القبول أكثر من حاجته إلى الانتقاد.

وهناك خطأ يقع فيه بعض الآباء، وهو أنهم لا يسمحون لأطفالهم بالجلوس حيث يجلس الكبار من الأهل أو الأصدقاء، وينهرون الطفل إذا اقترب منهم مدعين بأن هذا عيب، وأن هـذا مجلس كبار فقط، وهذا الموقف يولِّد لدى الطفل رُعبًا من الكبار، وخوفًا من مـواجهتهم، فضلاً عن الحديث معهم.. لذلك من الأفضل أن نتيح الفرصة للطفل أن يحضر معنا مجالس الكبـار، وأن نفرح بمشاركته الحديث معنا، وأن نحترم وجهة نظره، ولا نسفهها أو نستهين بها.

النقطة الثانية: هي أن هناك بعض الأُسر تضع قيودًا شـديدةً علـى التعبير عـن الـنفس أو المشاعر، وتعتبر ذلك نوع من الوقاحة، وهنا يفضِّل الطفل أن يوجه كل شيء لديه إلى الـداخل، وهذا يحرمه من التفاعل الاجتماعي مع الآخرين، ويدفعه للانطواء والخجل.

والطفل أولاً وأخيرًا في حاجة إلى جو من السماح، يمارس فيه التجربة والخطأ؛ لـكي يتعلم، فإذا خلقنا لديه رُعبًا مـن الوقـوع في الخطأ؛ فإنـه سيحجم عـن أي محاولة، وسـيتوقف عـن المغامرة، ويلوذ إلى السكون والجمود بحثًا عن الأمان، وإيثار السلامة، وهنا يكمـن الخطر في توقف نموه العقلي والانفعالي والسلوكي.. وفي بعض الحالات نجد أن الأبوين يبالغان في عقاب الطفل؛ لذلك يصبح الطفل مرعوبًا من هذا العقاب القاسي، فيكبر وقلبـه مليـئ بالخوف مـن عقاب الآخرين، وتوقع الانتقام منهم.

وهذه الحالات التي ذكرناها لو لم يتم تداركها في الصغر؛ فإنها تفرز ما يسمَّى بحالة «الرهاب الاجتماعي»، وهي حالة من الخوف الشديد، تنتاب الشخص حين يواجه الناس في أي مكان، ولا يستطيع التحدث أمامهم حيث ترتعش أطرافه، ويتهدج صوته، وتتقطع أنفاسه، ويتصفد عرقه، ويحمر وجهه أو يصفر؛ لذلك فهو يحاول جاهدًا أن يتجنب الموقف الاجتماعي، وهذا ربما يخلق له مشاكل عديدة خاصةً إذا كان مدرسًا أو خطيبًا أو اضطرته ظروفه للتعامل مع مجموعات من الناس، وهي حالة مرضية تحتاج للعلاج الدوائي والنفسي.

* * *

ابني يرفض المذاكرة

«ابني طالب في الصف الثاني الثانوي كان متفوقًا جدًّا حتى أتمَّ الشهادة الإعدادية، ولكنه الآن لا يريد أن يذاكر رغم أن الامتحانات على الأبواب، ويريد أن يقضي وقته كله بين التليفزيون والإنترنت والألعاب الأخرى، وخاصةً «البلاي ستيشن»، وقد حاولت معه بكلِّ وسائل الترغيب والترهيب؛ فأنا أعمل مدرسة ولدي خبرة معقولة في الوسائل التربوية، ولكن للأسف باءت كل محاولاتي بالفشل، بل على العكس كلما ازدادت محاولاتي لدفعه للمذاكرة ازداد هو عنادًا، وأنا الآن في حالة نفسية سيئة جدًّا؛ لأنه الابن الوحيد لي، ووالده يسافر كثيرًا، ولا يعلم شيئًا، وأنا المسئولة عنه في كلِّ شيءٍ، وهو كل حياتي، ولا أتحمل أن يضيع مستقبله أمام عيني، وهو للأسف الشديد لا يهتم بمستقبله، وكأن الموضوع لا يعنيه في شيء، على الرغم من أنه طوال مرحلة طفولته كان طفلاً مطيعًا ومهذبًا، وكنت أعطيه كل وقتي، وكان يحقق نتائج ممتازة، ولكنه الآن متمرد وغير مهتم بأي شيء غير اللعب، ولست أدري ماذا أفعل معه؟!».

هذه الحالة تحوي مشكلات متعددة ومتداخلة لا بـدَّ مـن رؤيتها جميعًا حتى نحسن التعامل معها؛ فهذا الطالب هو الابن الوحيد، والابن الوحيد في كثير من الأحيان يكون مـشكلةً حيث تحيطه الأسرة، وخاصةً الأم بكلِّ أنـواع الرعاية والحماية، والتي كثيرًا ما تتجاوز القدر الصحي المطلوب، فينشأ الطفل ولديه ميول حبِّ الذات والأنانية والاعتمادية عـلى الآخـرين في تحقيق رغباته، وعدم الشعور بالمسئولية، وعدم القدرة على القيام

بالواجبات المطلوبة منه تجاه دراسته أو أسرته، ولا تظهر المشكلات في الطفولة المبكرة حيث إن هذه الصفات لا تكون مزعجة للأسرة في هذه المرحلة، ولكنها تظهر وبوضح في مرحلة المراهقة حيث تكتشف الأم أن ابنها لا يشعر بمسئولية تجاه نفسه أو تجاه أسرته أو تجاه مستقبله؛ فهو يعيش حتى هذه المرحلة كطفل مدلل، لا يهمه غير البحث عن اللذة في وسائل التسلية، أو الجلوس السلبي في البيت.

ومن الواضح أن الأم قد ساهمت دون أن تدري في تأخير نضج هذا الابن، حيث إنها عاشت حالة من الوحدة بسبب غياب أبيه، فحاولت أن تملأ حياتها طوال الوقت بالانشغال بهذا الطفل الوحيد؛ فتذاكر له دروسه، وتفعل كل شيء، وتحرص على أن يظلَّ خاضعًا لها، ومرتميًا في أحضانها طول الوقت، ولذلك لا يستطيع هذا الطفل أن ينضج، وأن يتحمل أي مسئولية، وهو يرى موضوع الدراسة مشكلة تخص أمه، وليست مشكلته هو، ولذلك فهو يستخدم هذا الأمر للضغط على أمه، وابتزازها أحيانًا، بحيث إذا أراد أن يغضبها يتوقف عن ذلك، فأصبحت الدراسة لعبة يلاعب بها أمه، وليست واجبًا أو شيئًا يحدد مستقبله، وكلما ازدادت حيرة الأم واضطرابها، كلما ازدادت سعادة هذا الابن؛ لأن هدفه أصبح الضغط على الأم، والتحكم فيها من خلال موضوع المذاكرة، أي أن الموضوع تحول إلى وسيلة «لوي ذراع الأم»، لا أكثر ولا أقل.. والأم يزداد قلقها مع الوقت؛ لأنها تشعر بمسئولية ضخمة تجاه ابنها، فيلومها الأب، ويلومها الناس على تقصيرها أو خطئها في تربيته على الرغم من أنها أعطته كل شيء في حياتها، بل أصبح هو حياتها.

هذا القلق الشديد لدى الأم يؤدي إلى اضطراب شديد في علاقتها بالابن حيث يزداد إصرارها على نجاحه في حين يزداد عناد الابن وتمرده، وبهذا يدخل الاثنان في صراع دائم، تختفي معه معالم الحبِّ والحنان داخل البيت؛ لأن الأم

تحولت إلى مدرسة كثيرة الإلحاح والضغط، والابن تحول إلى طالب شقي مشاغب متمرد.

وربما لا يستطيع الاثنان الخروج من هذه الدائرة المغلقة دون تدخل علاجي رشيد يعيد الأمور إلى نصابها، وهو ما نسمِّيه بـ «العلاج النفسي الأسري»، ويتم في عدة جلسات تحضرها الأم مع الابن والأب حيث تتم مناقشة كل العوامل سالفة الذكر في جو من التعاون، وعدم محاولة إلقاء اللوم على أي طرف من الأطراف؛ فالكلُّ يعاني والكلُّ يحتاج إلى المساعدة، فالأم يجب أن تبدأ في رفع وصايتها عن الابن، وأن تتعوَّد أن تعيش حياتها بشكل أفضل، وتعيد تقوية علاقتها بزوجها - تلك العلاقة التي أدى إحباطها إلى اندفاع الأم نحو ابنها تختصه بمشاعرها الزائدة، وتعوقه بمخاوفها وأحزانها، وإذا نجحت الأم في إعادة ضبط المسافات بينها وبين زوجها وبين الابن، يصبح هناك أمل في تعديل توزيع المشاعر داخل الأسرة، ويبدأ الابن في التحرر من القيود الحريرية التي كبَّلته بها الأم «المحبة القلقة الوحيدة المحبطة».

وهنا يلوح الأمل في إمكانية نضج الابن، ولكن بعد وقت كافٍ، وبمساعدة من الأب الذي تخلى عن مسئوليته التربوية في السابق، وانشغل بنجاحه الشخصي، أو بجمع المال، ولم يعط نموذجًا للرجولة الناضجة المسئولة للابن؛ فنشأ الأخير ضعيفًا رخوًا طفيليًا.

وفي هذه الجلسات العلاجية سوف يعطي الابن وقتًا كافيًا للتعبير عن مشاعره، وعن صعوباته، ثم يلي ذلك تبصيره بالمشكلات القائمة، وإشراكه بشكل إيجابي في حلها لكي ننقذ ما يمكن إنقاذه في الوقت القصير المتبقي على الامتحانات، وخاصةً أننا سنطلب من الأم أن تترك دور المدرِّسة في المنزل، وتعود لممارسة الأمومة مع الابتعاد عن الإلحاح، والتدخل الدائم في حياة ابنها، ونعلن للابن أنه من الآن مسئول عن مستقبله، وعن دراسته، وأن الأسرة

سيقتصر دورها على توفير جو ملائم له لكي يساعده على القيام بواجبه، وسنعلن أن من حقِّ الأسرة التحكم في وسائل التسلية في الفترة التي تسبق الامتحانات، حتى تعطي الفرصة للابن للقيام بواجبه في هذه الظروف الجادة، وله الحقُّ بعد ذلك في الاستمتاع بهذه الوسائل في فترة الإجازة.

ويجب أن ننتبه إلى أن هناك عاملاً آخرًا مهمًا يأتي من خارج دائرة الأسرة، وهو أن العملية التعليمية أصبحت في الوقت الحالي تخلو من الجوانب الوجدانية التي تجعلها محببة إلى الطلاب، وتحوَّلت بسبب الدروس الخصوصية، وأسباب أخرى إلى عملية حشو قسري للمعلومات، بهدف تحقيق أعلى الدرجات، والطالب لا يشعر بالحماس تجاه ما يجري، ولكنه مجبر على الانصياع بلا روح لهذه العملية.. ومن هنا وجب مراجعة هذا الموقف على المستوى العام حتى لا نفاجأ بتمرد أبنائنا وعنادهم وسلبيتهم.

* * *

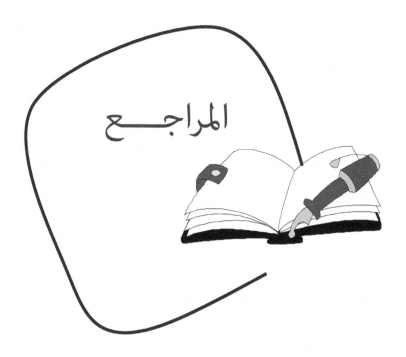

المراجـــع

المراجـــــع العربيـــــة

- بيترل بينسول،، وجودي جالبرت، وباملا إيسبيلاند، (2003م): أبناؤنا وأسباب النجاح، مكتبة الأسرة، مهرجان القراءة للجميع، مصر.
- حاتم محمد آدم، (2003م): الصحة النفسية للطفل من الميلاد، وحتى 12 سنة، مؤسسة اقرأ للنشر والتوزيع والترجمة، القاهرة.
- سبوك (بدون تاريخ): «تربية الأبناء في الزمن الصعب»، «مشاكل الآباء في تربية الأبناء»، «ما أحلى أن تكون مراهقًا»، «طفلك أذكى مما تتصور»، ترجمة منير عامر (1997م)، مطبوعات أخبار اليوم، قطاع الثقافة، القاهرة.
- سوزانا ميلر، (1994م): سيكولوجية اللعب عند الإنسان، ترجمة حسن عيسى، مراجعة محمد عماد الدين إسماعيل، مكتبة الأنجلو المصرية، القاهرة.
- السيد علي سيد أحمد، وفائقة محمد بدر، (1999م): اضطراب الانتباه لدى الأطفال.. أسبابه وتشخيصه وعلاجه، الطبعة الأولى، توزيع مكتبة النهضة المصرية، القاهرة.
- صلاح بيومي، (2002م): التنشئة والشخصية.. الطفل بين الواقع والمستقبل، دار المعارف، القاهرة.
- عبد الستار إبراهيم، وعبد العزيز الدخيل، (1993م): العلاج السلوكي للطفل، سلسلة عالم المعرفة، المجلس الوطني للثقافة والفنون والآداب، الكويت.
- عبد الله ناصح علوان، (1985م): تربية الأولاد في الإسلام، دار السلام

للطباعة والنشر والتوزيع، القاهرة.

- عـدنان الـسبيعي، (1997م): «الـصحة النفـسية للجنـين»، و«الـصحة النفسـية للمولـود والرضيـع»، و«الـصحة النفسية لأطفـال الحضانة والروضة»، و«الـصحة النفسية لأطفـال المدرسة الابتدائية»، دار الفكر، دمشق، سورية.

- عدنان حسن صالح باحارث، (1991م): مـسئولية الأب المـسلم في تربيـة الولـد في مرحلـة الطفولة، الطبعة الرابعة، دار المجتمع للنشر والتوزيع، جدة، السعودية.

- فايز قنطار، (1992م): الأمومة.. نمو العلاقة بين الطفـل والأم، عـالم المعرفـة، 166، المجلس الوطني للثقافة والفنون والآداب، الكويت.

- كلير فهيم، (1999م): الأطفال في العيادة النفسية، كتـاب اليـوم الطبـي، العـدد رقـم 206، القاهرة.

- مجموعة مؤلفين: (أحمد معاذ الحسيني، بشير شكيب الجابري، بهيـة الجـش، سـليم عبـد القادر، سهيلة زين العابدين حماد، عبد الكريم بكار، عـصام تليمـة، عـلي الحمادي، لـمي الغلاييني، مني عبد الفتـاح يـونس، نـوال السـباعي، هيثم مناع) (2004م): مـا لا نعلمـه لأولادنا، مركز الراية للتنمية الفكرية، جدة، السعودية، دار السلام للطباعة والنشر والتوزيع والترجمة، القاهرة.

- محمد شعلان، (بدون تاريخ): النفس من المهد إلى اللحد، الطبعة الثانية، الجمعية العلمية المصرية للتدريب الجماعي، مركز شعلان للطب النفسي، القاهرة.

- محمد عبد الفتـاح المهـدي، (1999م): الـصحة النفـسية للطفل، الطبعـة الأولى، القبطـان للطباعة والنشر، المنصورة.

- محمود أبو العزائم، (2002م): مشاكل الطفولة، دار الطباعة والنشر

الإسلامية، القاهرة.

- محمود عبد الرحمن حمودة، (2005م): الطفولة والمراهقة: المشكلات النفسية والعلاج، الطبعة الثالثة، مركز الطب النفسي والعصبي للأطفال، القاهرة.

- مصطفى فهمي، (1977م): سيكولوجية الطفولة والمراهقة، مكتبة مصر، دار مصر للطباعة، القاهرة.

- ملاك جرجس، (1986م): المشكلات النفسية للطفل، وطرق علاجها، كتاب الحرية، دار الحرية للصحافة والطباعة والنشر، القاهرة.

- ملاك جرجس، (1995م): مشاكل الأطفال النفسية، كتاب اليوم الطبي، عدد 163، القاهرة.

- نبيل سليم علي، (2003م): الطفولة ومسئولية بناء المستقبل، كتاب «الأمة»، العدد 92، وزارة الأوقاف والشئون الإسلامية، قطر.

- يسري عبد المحسن، (1997م): كيف تتعامل مع طفلك، كتاب اليوم الطبي، العدد رقم 181، القاهرة.

* * *

المراجع الأجنبية

• Jacobson, Jand Jacobson, A (2001) psychiartic Secrets, 2nd edition, Hanley and Belfus, US.

• Morrow, J Yeager C and Lewis, D (1997). Encopresis of boys in resedential treatment. Child Abuse Negl 21: 11- 18.

• Sadock, Benjamin and Sadock, Virgina (2004). Synopsis of psychiatry, 9th. Edition, Lippincott Williams and wilkiur New York.

* * *

الفهرس

* * *

صدر للمؤلف

1- العلاج النفسي في ضوء الإسلام 1990 – دار الوفاء- المنصورة.

2- الصحوة الإسلامية (دراسة نفسية) – 1992- دار الوفاء- المنصورة.

3- العلاج الشعبي والطب النفسي: صراع أم وفاق- 1994- أورفو للطباعة- المنصورة.

4- المدمن بين مستويات اللذة والألم – 1995- أورفو للطباعة- المنصورة.

5- المخدرات والجنس – 1995- أورفو للطباعة – المنصورة.

6- الصحة النفسية للطفل (طبعة أولى موجزة) – 1999- القبطان للطباعة – المنصورة.

7- النوم والأحلام في الطب والقرآن- 2001 – دار اليقين للطباعة النشر- المنصورة.

8- سيكولوجية الصهيونية- 2001- البيطاش للطباعة والنشر- الإسكندرية.

9- مستويات النفس- 2002 – البيطاش للطباعة والنشر- الإسكندرية.

10- سيكولوجية الدين والتدين- 2002 البيطاش للطباعة والنشر- الإسكندرية.

11- الصحة النفسية للمرأة: الطبعة الأولى: 2003- البيطاش للطباعة والنشر، الطبعة الثانية والثالثة 2007- دار اليقين للنشر والتوزيع، المنصورة.

12- المرض النفسي بين الجن والسحر والحسد- 2005- صدر عن الجمعية العالمية للصحة النفسية (مع آخرين) – القاهرة.

13- البناء النفسي للمسلم المعاصر- 2005- أريج للنشر والتوزيع – القاهرة.

14- فن السعادة الزوجية- 2007- مكتبة الأنجلو المصرية – القاهرة.

15- الصحة النفسية للطفل – 2007- مكتبة الأنجلو المصرية- القاهرة.

16- دراسة نفسية لأحلام نجيب محفوظ- 2007- مكتبة الأنجلو المصرية – القاهرة.

17- علم النفس السياسي – 2007- مكتبة الأنجلو المصرية – القاهرة.

18- الشخصية المصرية- 2007- البيطاش للطباعة والنشر – الإسكندرية.

* * *

T0157273

Printed in the United States
By Bookmasters